道と思想

三木　克彦　編著

大成出版社

装幀　道吉剛

はじめに

道に関する論議が盛んである。

みち（和語）、道《どう》、路《ろ》、径《けい》、途《と》（漢語）には、多くの語義があり、人のとおり道を意味する原義的意味から、広がり、充ち、あるいは転じて、人間の道、社会の道など、論理性、規範性、文化性などを有する精神的なるものを表象するものとなっている。

人間が他の生物との区別を明確にし、社会的に進化したのは、立脚歩行と言葉による思考であったと考えれば、みち、道などの言葉の成立とその展開は、重要な意義を有する。

現代社会における〝道〟を考える場合に関連する思想について、その内容、意義、関連性を研究することは、意味あることと思われる。古今内外の文献、史料、論文を中心に、アプローチを試みたいと考える。文献、史料、論文の選択、引用について、不適切な点があれば、お詫び申し上げ、ご寛容を賜りたい。

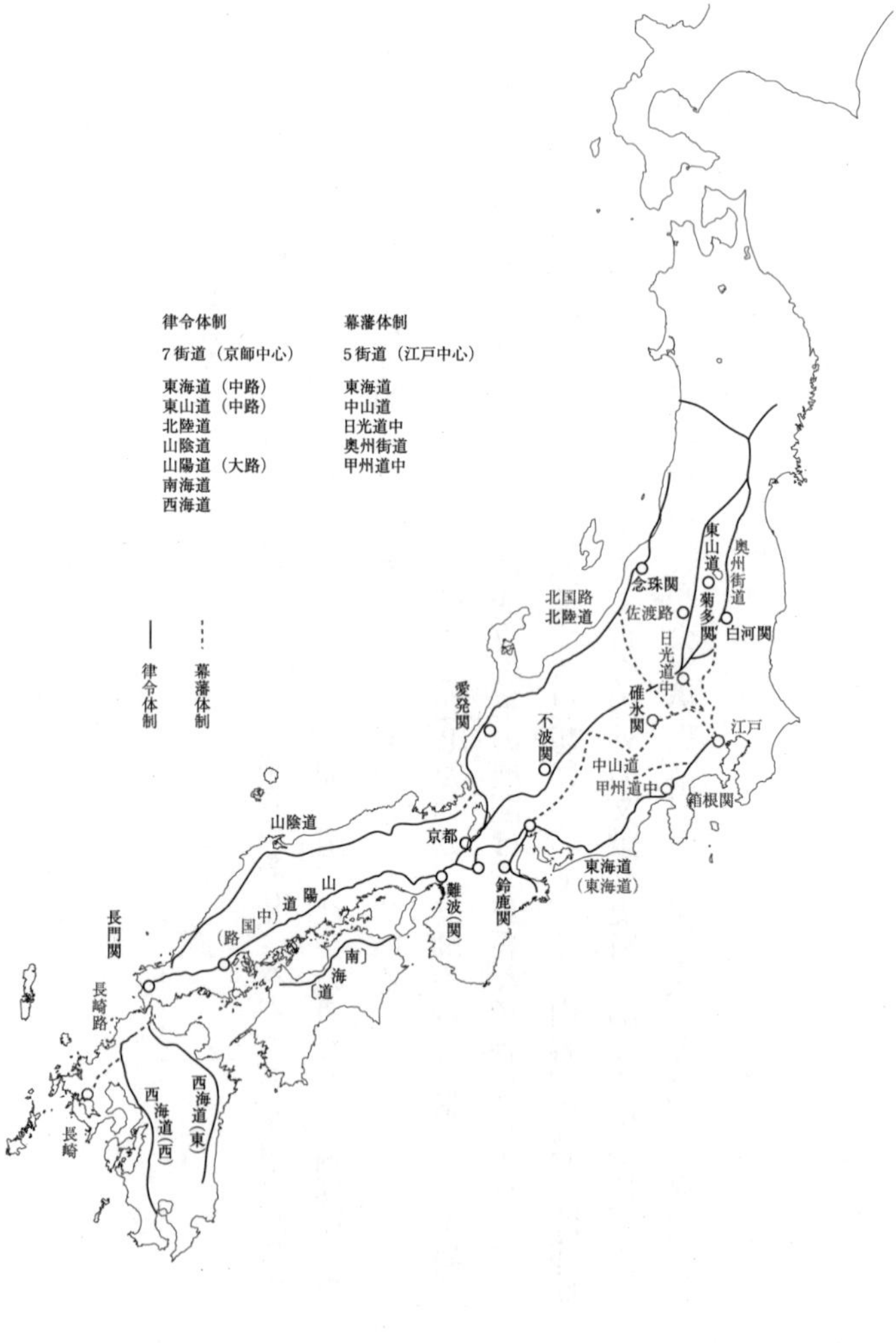
律令体制
7街道（京師中心）
東海道（中路）
東山道（中路）
北陸道
山陰道
山陽道（大路）
南海道
西海道
幕藩体制
5街道（江戸中心）
東海道
中山道
日光道中
奥州街道
甲州道中
律令体制
幕藩体制
念珠関
東山道
奥州街道
菊多関
白河関
北国路
北陸道
佐渡路
日光道中
碓氷関
江戸
愛発関
不波関
中山道
甲州道中
箱根関
山陰道
京都
東海道
（東海道）
難波（関）
鈴鹿関
山陽道
（中国路）
長門関
南海道
長崎路
西海道（東）
西海道（西）
長崎

目次

第二部　道と人びと

第一部　道と思想

第一章　おくのほそ道

最初に、日本の近世、江戸時代の元禄年間に、松尾芭蕉により残された「おくのほそ道」を、『新潮日本古典集成・芭蕉文集』（昭和五三年　新潮社刊、富山奏氏校注）などにより、読解することとする。

作者松尾芭蕉（宗房《むねふさ》）（一六四四〜一六九四年）は、伊賀国に地侍級の農家の次男として生まれ、一九歳の時、藤堂藩伊賀 士《さむらい》大将の嗣子、藤堂良忠《よしただ》（俳号蟬吟《せんぎん》）に出仕、格別の愛顧を受けて俳諧を嗜み、百韻などにより注目される。

二三歳の時、良忠の死去により致仕、俳諧を志し、禅寺での修行、漢詩文の勉学などもつとめる。二九歳の時、江戸に下り、作品『貝おほひ』を出版、談林《だんりん》派俳諧の西山宗因の百韻に一座し、俳号「桃青《とうせい》」で、数多くの風雅の会合において、宗匠として活躍する。

三七歳の時、深川の草庵に隠栖し、俳号「芭蕉」を用い、数年の間、『野ざらし紀行』（東海道、秋〜春九ヵ月）、『笈の小文』（信濃路、秋〜春六ヵ月）などに見られる旅を行い、紀行の文章・俳句を著す。四六歳の時、芭蕉庵を譲り、『おくのほそ道』（奥州道、北陸路など春〜秋六ヵ月）の旅を行う。こののち、関西に居住し、『幻住庵の記』、『ひさご』を出版する。

五一歳、『炭俵』を出版するが、一〇月一二日、大阪にて死去。遺言により、近江国膳所《ぜぜ》の義仲寺に埋葬される。

一　漂泊の旅立ち

冒頭に、漂泊の思いが述べられる。

月日《つきひ》は百代《はくだい》の過客《くわかく》にして、行きかふ年もまた旅人《たびびと》なり。舟の上に生涯を浮べ、馬の口とらへて老《おい》を迎ふる者は、日々旅にして旅を住みかとす。古人も多く旅に死せるあり。予もいづれの年よりか、片雲《へんうん》の風にさそはれて、漂泊の思ひやまず。海浜にさすらへ、去年《こぞ》の秋、江上《かうじょう》の破屋《はをく》に蜘蛛《くも》の古巣《ふるす》を払ひて、や々年も暮れ、春立てる霞の空に、白河《しらかは》の関越えんと、そぞろ神のものにつきて心を狂はせ、道祖神《だうそじん》（道路の悪霊を防いで行人を守護する神）の招きにあひて取るもの手につかず。股引《ももひき》の破れをつづり、笠の緒つけかへて、三里（きゅうのつぼ）に灸すうるより、松嶋の月まず心にかかりて、住めるかたは人に譲り、杉風《さんぷう》が別墅《べっしょ》に移るに、

　草の戸も住み替る代《よ》ぞ雛《ひな》の家

表八句を庵の柱に掛けおく

　彌生《やよひ》も末の七日、あけぼのの空朧々として、月は有明《ありあけ》にて光をさまれるものから、富士の峰かすかに見えて、上野《うえの》・谷中《やなか》の花のこずゑ、またいつかはと心ぼそし。むつまじきか

ぎりは宵よりつどひて、舟に乗りて送る。千住《せんじゅ》といふところにて舟をあがれば、前途三千里の思ひ胸にふさがりて、幻《まぼろし》のちまたに離別の泪をそそぐ。

行く春や鳥啼き魚の目は泪《なみだ》

これを矢立のはじめとして、行く道なほ進まず。人々は途中に立ちならびて、うしろかげの見ゆるまではと見送るなるべし。

「月日は永遠の旅人である」は、初唐の詩人李白《りはく》の「春夜桃李園《とうりえん》に宴するの序」の詩句「夫れ天地は万物の逆旅《げきりょ》（はたご）、光陰は百代の過客なり。而して浮生は夢の若《ごと》し」を踏まえており、芭蕉は浮生こそ常住との覚悟で旅立つとされている。同行の門人曽良とともに、行く春の花に心を残しつつ、半年の奥羽道、北陸路など推定行程約一、四〇〇キロの行脚に旅立つ。

二　歌枕、旧跡

漂白の旅は、白河の関、松島などの歌枕とされる歌の名所を辿り、旧跡を訪ねる行脚であり、人々を感動させ、愛される名文、名句が残されている。

○田一枚植えて立ち去る柳かな（蘆野《あしの》の里　西行法師、謡曲「遊行柳」の題材）

○卯の花をかざしに関の晴着かな（白河の関　平兼盛など）曽良

○夏草や兵《つはもの》どもが夢の跡

　五月雨《さみだれ》の降り残してや光堂《ひかりどう》（平泉、藤原三代の栄華の跡）

○閑《しづか》さや岩にしみ入る蟬の声（立石寺《りふしやくじ》　慈覚《じかく》大師の開基）

○五月雨《さみだれ》を集めて早し最上川（最上川板敷山、稲船の東歌の地）

○雲の峰いくつ崩れて月の山（出羽三山、霊峰月山）

○荒海《あらうみ》や佐渡に横たふ天《あま》の河《かわ》（越後路から佐渡の流謫の歴史を偲ぶ）

○山中や菊は手折《たを》らぬ湯の匂ひ（山中温泉、謡曲「菊慈童」の伝説）

「おくのほそ道」の題は、あやめ咲く頃、仙台に入った芭蕉が、画工加右衛門（俳人和風軒加之、俳諧書林を営む。）の案内で、宮城野（萩）、玉田、横野、つつじが岡（あせび）の古歌の名所を辿り、松島、塩釜の画図や紺の染緒の草鞋を贈られ、風流の趣に感謝の意を込めて、十符《とふ》の菅《すげ》の地を「おくのほそ道」の紀行の題名としたものとされ、辺土の旅に新しい風雅を創造する意欲を込めたものであるとされている。

三　道中の心象

那須野、鳴子、親不知の三節は、道中の模様が伝えられ、作者の心象が述べられている。

（那須―小姫かさね）

那須の黒羽という所に知る人あれば、これより野越にかかりて直道《すぐみち》を行かんとす。はるかに一村を見かけて行くに、雨降り、日暮るる。農夫の家に一夜を借りて、明くれば、また野中を行く。そこに野飼《のがひ》の馬あり。草刈る男《をのこ》に嘆きよれば、野夫《やふ》といへども、さすがに情《なさけ》しらぬにあらず、「いかがすべきや。されども、この野は縦横《じゅうおう》にわかれて、うひうひしき旅人の道ふみたがへん、あやしうはべれば、この馬のとどまる所にて馬返したまへ」と、貸しはべりぬ。小さき者二人、馬の跡慕ひて走る。一人は小姫《こひめ》にて、名を「かさね」と言ふ。聞きなれぬ名のやさしかりければ、

かさねとは八重撫子《やえなでしこ》の名なるべし　曽良

やがて人里に至れば、あたひを鞍壺《くらつぼ》に結びつけて、馬を返しぬ。

近道をあせった迷いが、馬による心強い助けと優美な名の童女のあどけない走りにより晴れていく旅の心象が鮮やかに語られていると思われる。

（尿前《しとまえ》―関越えの苦難）

究竟《くっきょう》の若者、反脇指《そりわきさし》をよこたへ、樫の杖をたづさえて、われわれが先に立ちて行く。今日こそ必ずあやふきめにもあふべき日なれど、辛き思ひをなして、うしろについて行く。あるじの言ふにたがはず、高山森々《かうざんしんしん》として一鳥声聞かず、木の下闇《こしたやみ》茂りあひて、夜行くがごとし。雲端《うんたん》につちふる心地《ここち》して、篠のなか踏みわけ踏みわけ、水をわたり、岩につまづいて、肌《はだへ》につめたき汗を流して、最上《もがみ》の庄に出づ。かの案内せし男《をのこ》の言ふやう、「この道必ず不用《ぶよう》のことあり。つつがなう送りまゐらせて、仕合《しあはせ》したり」と、よろこびて別れぬ。あとで聞きてさへ、胸とどろくのみなり。

伝統的風雅に縁のない辺土森山の自然のなかでの旅路の危険、心の恐怖を素直に表す一節である。

（市振―遊女と同宿）

一間隔てた表のかたの伊勢参宮するという越後の国新潟の遊女二人ばかりが、朝《あした》旅立つに、我々に向ひて、「行方知らぬ旅路の憂《う》さ、あまりにおぼつかなう悲しくはべれば、見え隠れにも御跡《おんあと》を慕ひはべらん。衣の上の御情《おんなさけ》に、大慈《だいじ》の恵《めぐ》みをたれて、結縁《けちえん》させたまえ」と泪《なみだ》を落とす。「不便《ふびん》の事にははべれども、我々は所々にとどまるかた多し、ただ人の行くにまかせて行くべし。神明《しんめい》の加護《かび》、必ず恙《つつが》なかるべし」と言ひ捨てて出でつつ、哀れさしばらくやまざりけらし。

一家《ひとつや》に遊女も寝たり萩《はぎ》と月

定めなき浮草の身の遊女と行脚漂泊の自分との一見無縁のようで相似た境遇の者の同宿を奇遇と感じて、庭前の萩と月とによそおえる吟とされる。

それぞれの道を行くべしとして、孤高の境地を守る自らの冷ややかさと、同行を断られた遊女の哀切さを素直に伝える一節でもあると思われる。

四　風雅のまこと

芭蕉が、漂泊の旅に求め、志していたものは、なんであったか。『笈《おひ》の小文』において、次のように述べている。

西行《さいぎょう》の和歌における、宗祇《そうぎ》の連歌《れんが》における、雪舟《せっしゅう》の絵における、利休《りきゅう》が茶における、その貫道《くわんだう》するものは一《いつ》なり。しかも風雅におけるもの、造化《ざうくわ》にしたがいて四時《しいじ》を友とす。見るところ花にあらずといふことなし。思ふところ月にあらずといふことなし。像《かたち》花にあらざる時は夷狄《いてき》にひとし。心、花にあらざる時は鳥獣に類す。夷狄を出で、鳥獣を離れて、造化にしたがひ、造化にかへれとなり。

また、蕉門の弟子土芳は、『三冊子』で、

師の風雅には万代不易あり、一時の変化あり。この二つに究まり、その本一つなり。その一つといふは風雅の誠なり。不易と知らざれば実に知れるにあらず、不易といふは、新古にあらず、変化流行にもかかわらず誠によく立ちたる姿なり。千変万化する物は自然の理なり。変化にうつらざれば、風あらたまらず。（以下略）

芭蕉における風雅のまことは、詩歌の道におけるまことであり、歌聖たちの幽玄などの日本的風雅が不易であり、時代風の芭蕉俳諧における軽みが流行であるとし、奥州行脚は不易流行の詩境を拓くための漂泊の旅であったと思われる。

晩年の句、

この道を行く人なしに秋の暮　（秋暮）

に芭蕉の俳諧の道の孤高が偲ばれる。

第二章　江戸の道

松尾芭蕉が漂泊の旅をした元禄年間における道は、どのようなものであったか。江戸幕藩体制下における道路と位置づけられるが、「近世の陸上交通」（体系日本史叢書24『交通史』、豊田武・児玉幸多氏編、昭和四〇年　山川出版社刊）などの諸論文により、また江戸幕藩体制下においては、「道」の語により多くの思想が語られたが、丸山真男氏『日本政治思想史一』（一九九八年　東京大学出版会刊）などの諸論文により、以下のように考えることができる。

応仁の乱以来、二〇〇年間に及ぶ領国大名を中心とする国内の争乱を、関ヶ原の役（一六〇〇年）において征覇した徳川家康が、征夷大将軍に任ぜられて、江戸に幕府を開き、統一された統治の方向に向かう。

平和的統一を図るため、文治主義によることとし、その中心的思想を藤原惺窩《ふじわらせいか》・林羅山《はやしらざん》の朱子学とし、官学として採用し、「道」が思想的課題としてさまざまに論ぜられ、教えとして広められた。

一　幕藩体制の成立

全国統一者としての江戸幕府は、基本的な統治の方針として、

イ　領国大名を封建諸侯とするが、武家諸法度により、軍備、統治方針、生活様式に厳重な監視を行い、参勤交代や所替による全国統一支配を行う。

ロ　全国の鉱山、主要都市、交通の要衝は幕府の直轄下に置き、全国に通用する貨幣は独占的に鋳造され、重要な交通は幕府の統制の下に置く。

ハ　身分制、職分制（士農工商）が設けられ、衣、食、住、乗物、婚姻などへの煩瑣《はんさ》な干渉、五人組などによる相互の監視が行われる。

などの措置が講ぜられた。

このような権力の集中支配の体制ではあるが、諸藩（二七〇余り）に対しては、間接統治の形態を守り、諸藩は幕府の統制を受けつつ、領地についての固有の立法権、裁判権を有し、他藩に対しては、個性的、閉鎖的な統治を行った。

二　幕藩体制下における道路網

幕藩体制を形成し、維持するため、全国的な道路網は、戦国大名の分国中心の交通系路から、江戸を中心とした五街道を幹線とする交通系路に改編され、従来の伝馬制が拡充され、参勤交代とともに宿場制が設けられた。

五街道を幹線とする道路網は、江戸を中心として、東海道、中山道、日光道中、奥州街道、甲州道中と附属街道（本坂通、例幣使街道）とされ、幕府の道中奉行により管理された。

伊勢路、中国路、佐渡路、長崎路、北国路、伊勢越道中、松前通、羽州街道は、脇往還、脇街道とされ、幕府の勘定奉行の支配に属した。

各藩の道路管理は、五街道については幕府道中奉行の規制を受け、中央集権的道路管理の下請け的色彩が濃厚であるが、脇往還では現地の幕府代官（天領）、諸藩（藩領）に主体的権限があり、幕府の道路管理との調整が行われている。

幕藩体制により、国内の道路整備は本格化する。道巾が狭く屈折し、降雨時には泥濘《でいねい》深く、通行困難な状態にあるものが多かったが、「道路堤の補修に関する覚」（慶長十七年老中連署）により、水溜り、泥濘の敷固め、堤の芝の切りはぎの禁止、橋の再点検などの改良整備が進められた。大津〜京都〜伏見間では、牛車の通る車石の車道が人馬道と区別され、月岡峠の坂道では、木食上人の大願により白川石による軌道舗装が行われた。

旅人の行路の風情、夏の緑陰の休息、冬の積雪の防禦《ぼうぎょ》のため、街道の両側に松杉その他の並木が植えられ、保護が行われ、江戸日本橋を起点に、東海、中山、北陸の三街道をはじめ、全国的に榎、松を植えた双の一里塚が築造されている。

城下町をはじめとする都市の発展に伴い、橋梁の発展が著しく、日本橋、吾妻橋、両国橋（桁橋）、長崎・諫早の眼鏡橋（石拱橋）、岩国の錦帯橋（木拱橋）が架けられた。

道路隧道の開鑿も行われ、豊前耶馬溪の青の洞門が知られている。

三　交通の体系と諸相

江戸幕藩体制下における人の交通、物資の輸送は、海路・水路における舟運、道路における人・馬・車により行われた。

幕府の鎖国政策のため、日本の船舶の海外進出は途絶えたが、国内海運は寛文年間において東廻り、西廻りの航路が刷新され、基幹的な海運網が確立された。幕府、領主の年貢米の廻漕をはじめ、木材、炭、塩物・干物、塩、茶、酒や各地の特産物などの重量・長距離の物資輸送は、海難をさけつつ、海運により行われた。河川における舟運も盛んで、幕府川船奉行及び諸藩による統制が行われていたが、各河川において、水運路、河岸の形成、船宿の設置が積極的に行われた。高瀬川の開鑿、高瀬舟の築造が知られている。

街道においては、人・馬による交通がほとんどであり、市街地では、べか車（牛（京都））、大八車（人（江戸））が盛んに用いられた。

一六三五年の参勤交代制の実施により、大名行列が街道を通過し、特別な扱いを受けた。最初は臨戦行軍方式であったが、元禄年間から形式的華美を争うものになり、多大の費用が藩の財政を圧迫し、縮減策が講じられたが、幕末まで存続した。

民衆においても、経済水準の向上、文化の興隆を背景に、商工業、文化学術、芸能などの多様な旅人や湯治客が往来するが、特に社寺参詣が活況を呈し、伊勢参宮が物見遊山も兼ね、主流であった。

四　宿駅の設置と管理

五街道、脇往還には人馬の継立、宿泊に関する駅務を行うための宿駅及び助郷が置かれ、宿役人が人馬の差配、荷物の秤量、運賃の決定、出納を行った。人馬の継立は、公を優先し、賃銭も公を優遇するものであり、宿財政の大きな負担となり、窮乏の原因となった。時代の推移とともに紛争が激化し、返上一揆が生じている。

宿駅には、飛脚問屋の運営する定飛脚が定着し、預かった信書などを急送した。

戦国時代における関銭徴収のための関所は廃止されたが、参勤交代制の維持のための関所が主要な道路に置かれ、入鉄砲・出女の監視を行った。各藩は口留番所を設けて、領内の産物の他領への流出の監視、旅人の取締りを行った。

軍事的、統治的配慮から架橋が禁止された東海道の相模川、酒匂川、安倍川、大井川、中山道の碓氷川、烏川には渡り場が設けられ、宿駅と同じように運営された。

このように、江戸時代の道路は幕藩体制下の統治のための色彩が濃厚であり、経済水準の向上、文化水準の向上により変遷はあるものの、基本的骨格は幕末まで続いたものと考えられる。

五　幕藩体制における思想統制

幕藩体制は、仏教、キリスト教、神道の思想に対しては、次のように対応している。

戦国時代における一向、石山、根来の寺院勢力と領国大名の対立抗争の経緯と仏教のもつ彼岸思考的性格への懸念から、寺院は思想的統制の下部組織に組み込まれて、寺院法度により寺請が行われるなど、仏教は体制的宗教とされる。

一六世紀に伝えられたキリスト教は布教活動により、九州から中部地方にかけて急速に普及し、キリシタン大名も生じたが、デウスへの絶対的信仰への反発や領土的野心への危惧から、一六一二年の禁教令、一六二三年の鎖国令により、一体的に禁圧される。

神道については、神祇崇拝の傾向が奨励《しょうれい》され、神社、神職の体制内保護が行われた。朝廷を中心とする祭礼儀式が復興され、神社の祭礼が鎮守の森の年中行事として定着し、神道思想も儒家思想との結合が図られた。

六　朱子学思想の展開

幕藩体制において朱子学思想は、政治的、社会的にどのように展開したか。

朱子学は、太極としての理と運動としての気の二元論の立場から、その融合発現の過程において、万物─自然と社会に階統的な構成が生ずるとし、秀の秀たる気を受けた聖人が合わせた「天一合一」の極致からの距離により、位階的秩序が生ずるとする。

また、太極の理は、人間精神においては本然の性と呼ばれ、五常（仁、智、礼、義、信）であるとされる。

さらに宇宙的秩序は、陰陽の運動であり、反覆、循環の秩序性が中心的観念となり、社会的秩序も循環性において永遠化される。

そして、社会的身分は、運命的なものとして自然に束縛され、人間は社会的身分に緊縛され、人間の本来的なあり方は、永遠的に循環する無時間秩序であり、天一合一は究極的境地であるとされる。

難解と思われる朱子学の理論が、封建社会において治国平天下の業として用いられるとき、修身齊家の思想と合わせて、次のように展開する。

身分・職分を固定する封建社会においては、治者の統治者の義務としての仁政の思想、被治者の職分としての分限《ぶげん》の思想となり、この思想の社会生活への順応が「道」とされ、道はさまざまな形において議論され、職分についての教えとして説かれる。

七　仁政と分限

三代・家光から四代・家綱に至る幕藩体制下においては、朱子学は官学となり、諸藩も儒者を抱え、学校を建てるなどして、教学としての儒学が信仰された。

この頃、活躍した熊沢蕃山《くまざわばんざん》は、

聖人の天下を治むや、天下大同の道を以って、天下大同の人を治む。大中の道を立てて過高の行ひを爲さず。

とし、朱子学思想の転換期の荻生徂徠《おぎゅうそらい》は、

道とは統名なり。礼楽刑政凡そ先王の建てる所のものを挙げて、合せてこれを命ずるなり。礼楽刑政を離れて別にいはゆる道なるものはあらざるなり。

として、それぞれ「聖人の道」「先王の道」の形で治者としての道を説いている。

聖人の道の学は、「道学」と呼ばれ、謹叢に道を説いた山崎闇斎《やまざきあんさい》は、道学者の代表とされた。

主従関係と禄高知行制を基礎として、治者階級の行政と治安を担当することとなった武士階級は、士分として身分の固定化が行われ、特殊な生活形態、特殊な名誉の養成のため、智

（真理）、仁（道徳）、勇（意思）を中心として、「士道」が成立する。

士分における職分、分限の思想は、他の農工商の職分に、主従関係、文化生活様式などの面で波及し、名、分、義理の分限の思想を生じ、閉鎖的に安定する。

庶民のための思想を説き、石門心学の祖とされる石田梅岩《いしだばいがん》は、
士農工商は天下の治る相《たすけ》となる。四民かけては助け無かるべし。四民を治め玉《たま》ふは君の職なり。君を相るは四民の職分なり。士は元来位ある臣なり。農人は草奔の臣なり。商工は市井の臣なり。臣として君を相くるは臣の道なり。商人の売買するは天下の相なり。

として、特に商人の道を説き、京都の私塾における講話は、「道話」として伝えられる。

一七世紀後半の経済、特に商業の発展に伴い、町人文化が興隆するが、暴富や無軌道的奔放性の反省、職分の合理性についての自覚から商人道、町人道などの規範意識が高まる。

このように、江戸幕藩体制下においては、身分制、職分制との関連において、道がさまざまに論じられており、儒教の朱子学の思想的展開を機に、社会的に広汎な時代思潮が形成され、重大な社会的影響を及ぼしたものと考えられる。

第三章　日本列島における道

日本列島における道や路は、古来どのようにして作られ、利用されてきたか。大島延次郎氏『日本の路』（昭和三五年、至文堂刊）、体系日本史叢書24豊田武・児玉幸多氏編『交通史』などの諸論文により、辿ることとする。

日本列島において、古代にどのような道が作られ、使われてきたか、遺構の発掘による考古学的調査や文献の収集分析が行われているが、なかなかに明らかでない。

日本列島に早くから居住した人々は、紀元前の縄文式土器、弥生式土器の時代を経験したと考えられるが、この頃の人々は、木の実を採取し、狩猟、漁撈により食を確保し、穴居した時代から、石器を用い、水田の耕作により農作物を栽培し、家畜を飼育し、住居を建てて居住する段階に移行し、さらに互いに生産物を交換して交流が拡がり、生活文化が向上し、集落共同体が形成されるようになる。

みちは、木の実を採取したみち、狩猟、漁撈のみち、農耕のみち、交換交流のみちとしての性格を有して人類のみちとなり、社会の集約化の過程においては交流の場となって、友好、征武、統治のみちとなった。

日本列島に居住し、居住する人々はおよそ数億人と推定されるが、これらの過程を通じ、時代における道を作り、利用してきたものと思われる。

一　古代王制下における道

日本列島三七万平方キロメートルは、海洋に囲まれ、急峻な山地が多く、四季の温暖な気候に恵まれているが、台風や地震などの災害を受けやすい。この自然的特性により、山地に繁茂する樹林での開削や河川の横過は難しいことが多く、道路づくりには特性に応じた対応が必要であり、多くの先人の創意や努力が積み重ねられていると思われる。

古代の王制時代における道についての、文献的資料は少ない。

『魏志倭人伝』に次のような記述があり、

○山険しく深林多く、道路は禽鹿《きんろく》の径《こみち》の如し（対馬）

○草木茂盛し、行くに前人を見ず（北九州）

○皆、津に臨みて捜露し、文書、賜遺のものを伝送して女王に詣らしめ…

当時の様子をおぼろげに伝えている。

最初の史書とされる『日本書紀』には道に関して次の記述がある。

○四道将軍《よつのみちのいくさのきみ》戎夷《ひな》を平けたる状《かたち》を以て奏す（崇神紀）。

○蝦夷《えぞ》を役して厩坂道《うまやさかみち》を作らしむ（応神紀）。

○大道を作りて京中に置く。南門により直指して丹比邑《たじひむら》に至る（仁徳紀、難波）。
○猪甘津《いかいつ》において橋渡す。名付けて小橋という（仁徳紀、難波）。
○難波により京に至るまでの大道を置く（推古紀、飛鳥）。

文献によるもののほか、考古学的調査により、畿内において、大和・河内の古道としての飛鳥、藤原京を結ぶ上ツ道《かみつみち》、下ツ道《しもつみち》、中ツ道《なかつみち》や周辺の大津道《おおつみち》、竜田道《たつたみち》の存在が明らかにされ、研究されている。

二　律令制度における道

大化の改新の詔《みことのり》（六四六年）においては、唐制にならって初めて国家の基本が定められたが、私地私民の禁止、班田収授の基本や軍事制度、地方制度とともに、駅馬《はいま》、伝馬《つたえうま》、鈴《すず》契《しるし》などの交通制度が定められ、古くからも存在したと伝えられる駅制が、大宝律令（七〇一年）までに制度化される。

駅制の基本となる駅路は、京師（都）から放射状に国府に連絡する幹線道路で、東海、東山、北陸、山陰、山陽、南海、西海の七道（推定六、四〇〇㎞）で、京師と太宰府を結び朝鮮半島の使節の入京する山陽道は大路、東北の鎮守府《ちんじゅふ》に連絡する東海道、東山道は中路、他の四道は小路とされている。

諸道には、三〇里を基準として駅を置き、駅家には倉庫、厩舎、休息・宿泊施設が置かれ、駅長、駅子が駐した。駅馬は、筋骨強壮で駅稲により飼育され、大路二〇足、中路一〇足、小路五足と定められ、伝馬は、牧場で官馬として飼われ、毎郡各五と定められている。駅馬、伝馬の利用は、駅使、伝使など公務を帯びた者に限られ、身分、位階による剋数が定まっている駅鈴、伝符が用いられた。

駅路の修理は、国・郡司の責務とされて、付近の雑揺により行われ、駅の経営のために駅戸、伝戸、駅起田、駅起稲が置かれている。

駅路の途上には、国家的に重要な関、国司の自国の管理のための刈が置かれた。関は東北への備えの関門として、鈴鹿、不破、愛発《あらち》の三関が置かれたが、朝廷内部の反乱の備えの意味もあったとされる。他にも、東国には菊多、白河、念珠《ねず》の奥羽三関（刈）が置かれ、西国の難波津、長門津の両港は、交通規制の重要な役割を果たしている。これらの関津《かんしん》においては通行証である過所《かそ》により、行先、用件、人数、荷物などが照合された。

六国史の二である『続日本紀』などには、道路の整備について次の記事がある。

○美濃国守笠朝臣麻呂《かさのあそみまろ》等による美濃・信濃の険吉蘇（木曽路）の開通（七一三年）
○大野東人《おおののあずまびと》による陸奥、出羽一六〇里の脊梁山脈の横断
○僧行基の発願による山崎橋架橋（七二五年）
○富士山噴火による足柄路の遮断に対する箱根山路の短期間暫定開通
○越後国三宅連笠雄麻呂の窮民に衣食を給しての道路・橋梁の修造と改築（八八四年）
担い手による道づくりの記録が残されているが、本来は公の責務とされ、大同年間には専門の官吏としての作路司が任命され、帰化人が重要な役割を担っている。

人々の行旅はどのようなものであったか。

律令により整備された駅制の利用は、駅使、伝使などの公務を帯びた者に限られており、一般の旅路は苦痛を伴うものであった。公民としての防人、衛士などの揺役への徴用及び調書などの官物運搬の運脚などの役務の旅が主たるものであり、商用などの私的な旅は奈良時代においても、少なかったとされる。

当時の旅人を忌む風習もあり、携行する食糧の不足、道中の病などで死に至る者も多く、悲惨な旅もあり、七三二年には諸国に対し、調書のため行旅する脚夫に対する食糧の補給、医療帰郷の措置を命じている。

八三二年には、餓死者、病者救済のための悲田処《ひでんしょ》が東国の多摩、入間、西国の太宰府に設けられ、小野岑守《おののみねもり》により九州の続命院、最澄により信濃における広済、広極の二院が設けられている。

道中の安全を祈る道祖神への信仰が強く、陰陽道による吉日、方違えの風習も伝えられている。

律令制下における物資輸送は、舂米《しょうまい》、調庸、雑物などの国家貢納物、官物であり、一般に公民の揺役の運脚、水脚により行われ、貢調役、調領などが宰領した。

紀伊、安芸、周防、隠岐などの沿海国には、官船が常備され、摂津、太宰府には官物輸送に当たる船司が設置され、私的徴用も行われていた。

平安時代初期からの荘園制の発生と移行により、律令制度下において整備された駅制は崩壊する。西国では船舶による年貢米の貢納が行われたが、東国の貢納は絹、布など、さらには金、馬などにより行われた。

また、荘園の拡大に伴って、公有であった駅家が次々に私有化され、駅家の連鎖性、有機性が絶たれ、逓送の業務が停止されている。

三　武家政権における道

平安貴族と源平の武士を巻き込んだ戦乱を制した源頼朝は、一一九二年に征夷大将軍となり、鎌倉に幕府を開き、政治的実権は武士階級に移行し、武家政権が成立する。律令制における国司、郡司などの権限は、将軍と御恩、御奉公の主従関係にある御家人である守護、地頭に移行する。

京都、鎌倉の大番役である御家人は、緊急の際の「いざ鎌倉」に競集し、和田合戦、承久の乱、文永・弘安の役などにおいて重要な役割を果たしている。

平時においては、東国の御家人を中心に、代替わりにおける将軍への見参、下し文、所領安堵の鎌倉参向が行われ、土地をめぐる紛争訴訟のための御家人の鎌倉往還が多かった。在鎌倉の社寺、武士に対する各地荘園からの年貢輸送が行われ、夫役の人々が随伴し、従来の京都中心の朝廷、在京荘園領主を中心とする一元的交通体系は修正される。

この時代の旅も苦しいものであったとされるが、旅の範囲は、東国を含めて地域的に拡がり、文化的交流、特に東国風の文化、信仰、習俗、言語、生活様式などが西国に伝播した。

幕府は、東国の御家人との交通のため、鎌倉の出入口七ヵ所に切通しを開き、道路を整備した。各地に鎌倉街道の名が残されている。

東国地方の発展の背景もあり、鎌倉幕府と大和朝廷とを結ぶ東海道が主要な幹線道路となった。伝馬、人夫を配する駅制が設けられ、文永の役後には博多まで延び、弘安の役においては、鎌倉〜博多間を一二日間で連絡したと伝えられる。経済の発展、交通の拡大に伴い、宿泊施設としての宿は急速に発達し、酒食を供し、遊女も置かれ、旅が広まった。

宿は、社会経済の発展とともに、交通聚落的性格を有し、市場における年貢の交換などにより商業の中心となり、やがて政治、宗教の中心となって、富裕な地方都市が形成される。

信仰の旅、社寺参詣が盛んになった。平安時代から貴族社会を中心に行われていた熊野詣は、修験道の影響もあり、熊野御師、熊野先達により武士階級にも広まった。鎌倉時代末期から惣氏神としての神格への崇拝と伊勢講により、伊勢参宮が盛んとなった。また、日蓮宗総本山身延山久遠寺、浄土真宗本願寺への本山参詣や、畿内観音霊場三三ヵ所巡礼、弘法大師聖地四国遍路などが繁昌している。

鎌倉幕府の崩壊ののち、足利尊氏が京都に幕府を開き、守護大名などは京都に居住し、政治的には一元化されたが、東国の各地には政治、経済の中心が生じており、東海道の往来は変わらなかった。

物資輸送は、商業経済の発展により、貢納中心から商品流通に移ったが、流通の全国体系や駅制には大きな変化がなかった。

室町時代の末期から、領主による新関の設置が、たびたびの禁止令にもかかわらず、行われた。関税は、修築、通行、警護のためとされ、課税方式もさまざまであるが、関銭目当てのものが多く、一四六七年、淀川の河上の関が三八七あり、洛中衰微のもとであるとする相国寺の抗議が行われている。

四　領国大名分国の道

応仁の乱（一四六七年）後の一世紀は、群雄割拠して、全国的抗争の時代となったが、守護大名が家臣や国人に支配を揺り動かされ、有力な戦国大名が領国を構えて、富国強兵を政策とした。領国内では、大名の直轄領と有力家臣の支城を中心とした領との間に駅制が置かれ、領内の関は閉鎖されて、領内の集権化が行われた。国境の要所には城郭を構え、軍事上、重要な場所には関所を設けて、他領との往来を厳重に取り締まった。

領内整備のため、道路の新設、改修、橋梁の架設、改修が、主として関係農村の夫役により積極的に行われたが、勧進（甲斐～諏訪、武田晴信）、通行料（越後国府大橋場、長尾景虎）によっても行われた。

衰退した伝馬制は、政治的、軍事的目的のために復活し、経営や負担は、宿駅付近の農村から伝馬業者に移り、専業化した。

織田信長は、その上洛制覇の過程において、公家、寺社の抵抗にあいながら関所を撤廃し、四奉行を選任して、領民負担でなく領内の道路を整備し、有罪座頭に瀬田橋を架橋させている。

継承した豊臣秀吉は、山陽道から九州に至る道を整備せしめ、石工の業の進歩を背景に、大阪の三大橋（天満橋、天神橋、難波橋）のほか、京都などの各地に石橋を造っている。

安土桃山時代における信長、秀吉の領国の拡大に伴って経済は発展し、伝馬、飛脚も設けられ、全国統一的な交通体系確立への基礎が築かれ、江戸幕藩体制の道（第二章）へ移行する。

第四章　道（ドウ）とみち

本章においては、思想を伝える言葉としての「みち」（日本語）と「道（ドウ・トウ）」（漢語）と言語の関係を考えてみたい。

現行の諸辞典による「道」の語義について、表の作成を試みた。原義的なとおり道という語義から転じて、ことわり、道理やてだて、やり方となり、さらに主義、思想から特定の神仏などの教えを示していく過程を示している。

漢語で日本語「みち」に対応すると考えられる、「路」「途」「径」についての各辞典の語義は、次のようにまとめられる。

「路」　①人の行き交う所、通り道　②すじみち、みちすじ
　③経由すべき所

「途」　みちすじ
　長くのびたみちを表すとされる。

「径」　①こみち、ほそみち　②まっすぐなみち
　③さしわたし、直径　④よこみち、正しくない道

「路」、「途」、「径」には、「道」のような高度の真理性、規範性は示されていない。

一　日本語の特性

阪倉篤義氏「日本的知性と日本語」（『講座　日本思想・知性』一九八三年　東京大学出版会刊）においては、日本語の特性について、次のように述べられている。

(1)　日本語の特質は、外来文化の影響を蒙りながら、なお基盤において古代から現代までに生き続けてきた基本的性格に意味づけられる。

歴史において日本語は、外国語との重大な接触を二度経験している。一度は古代における朝鮮半島を経由して移入された漢語との接触であり、一度は近代の始まりにおける西洋語との接触である。

前者の場合は、発音を日本語に合致したものに改め、その語彙を利用しつつ日本語に翻訳する訓読の方法を発達させ、さらにその文字をそのまま訓によって日本語を表現する。一方、後者の場合にも、その発音を日本語化してカタカナで表記して採り入れるとともに、本来は外国語である漢語を利用して、さらにこの新来の外国語を翻訳するという方法によってその内容を吸収することに成功した。無論、外国語の影響を受けて日本語に変化を生じた点は、発音にも文法にもあるが、大勢としては、むしろ彼らを馴化させ、我の流れの中に溶け込ませ、それによって日本語の流れは、多少、川幅を広げつつも同じ方向に向かって流れ続けてきた。

(2) 古代日本人の発想の基盤は、比較的湿潤な風土において営まれた稲作農耕のものであり、六世紀の終わり頃から今日まで、およそ一、三〇〇年ほどの歴史時代を通じて日本語は極めて緩慢に変化してきた。転回点となるような階層間の激烈な対立・抗争の結果としての社会構造の根本的転換とか、過去の文化的転換の画期的事態がなく、既成のものへの歩みよりと伝統の継承を余儀なくさせる保守的な力が働いた。

二つの外国語、漢語と西洋語は、日本語にとって異質な言語であると同時に、異質な文化の乗り物であったが、同一平面上に対置し、同時存在的に比較考量する面がなく、文化の発展段階における先進性と後進性という一本の縦の関係にのみ捉えられることとなった。

これは、延伸の論理とされるものであるが、漢字は、真字《まな》（真《まこと》の文字）、本字（本当の文字）とされ、運ばれた大陸の文化は、威厳と壮大さに満ちた畏敬の対象とされた。

(3) 到達の目標と考えられた新しい理想と憧憬の対象である外国文化に同化せず、内容的に合一する方法として、彼を我に馳せさせて取り込むことにより、古来の流れを一本に保ち続けることに成功したのが、日本文化である。

このような日本語文化論によれば、日本の古代において中国大陸から移入された漢語の「道」が日本語の「みち」の語に、また、道を中心とした漢文化思想が、日本文化の新しい展開に与えた影響は極めて大きく、その重さに驚かされる。

二　漢語「道」の成り立ちと語義

漢語「道」（呉音　ドウ、漢音　トウ）の成り立ちは、各辞典の解字に次のように示されている。いずれにおいても、六書の「形声文字」（意味を表す意符と音声を表す音符から成る漢字）とされている。

(1)　「辶」＋音符「首」（＝頭）。頭を進行方向に向ける。人の通る道の意（岩波新漢語辞典）。

(2)　「行＋首」。音符の首は、くびの意味。異民族の首を埋めて清めとした、みちの意を表す。行も辵もすべてみち、みちゆくの意味。転じて、人が守り行うべき正しい道理の意味を示す。また、すじみち立てていうの意を示す（大漢語林）。

(3)　意符の辵（みち）、音符の首（シウ）＝（とおっている意、通）から成り、まっすぐとおっているみち、とおりみちの意、ひいて、広く「みち」の意に用いる（大字源）。

⑷首が音を表し、踏む意の語源「踏」からきている。踏んで行く道の意から、単なるみちの意となった。みちびくに用いるのは、導の借用である（角川漢和中辞典）。

さまざまな見解があるが、漢字の歴史的研究を主とする字書である白川静氏『新訂字統』（二〇〇五年　平凡社刊）においては、漢字「道」を次のように分析する。

⑴辵《ちゃく》（辶、⻍）は、歩く意で、おそらく異族の首を携えて外へ通ずる道を歩くこと、すなわち「除道（道を祓いて清めること）」を意味する。

また、道を修祓《しゅうふつ》しながら進むことを導といい、修祓したところを道といった。

⑵外界とされる外族やその邪悪なる霊を祓い清めるための呪禁として敵酋の首を埋めることが多く、「途」は除道のために余《は》りを土中につきさす形、「路」は「各」に従うが各は、祝禱《しゅくとう》して神を呼び下す形、「道」の字は首を携えて進む形、「道祖」は旅立ちの儀礼、「道」は啓行の儀礼であるとされる。

首は、道路、関門を祓う厭勝《ようしゅう》（まじない）の強い呪力を有しており、祓われた道は、人の安じていく所から人の行為するところを「道」といい、道徳、道理の観念となり、その術を道術、道法といい、存在の根源の唯一者とされる。道は古代の除道の儀礼の意より次第に昇華して最も深遠な世界をいう語となった。

「道」の漢語のもつ規範的特色や深遠性を示唆するものであり、興味深い。

大漢語林	大字源	新漢和辞典	広辞苑	（一九九一年）岩波書店
（平成四年）大修館書店	（一九九二年）角川書店	（一九九八年）岩波書店	道　ドウ（呉音）　トウ（漢音）	みち（道、路、途）
○みち ○とおり道、道路、かよいみち	○みち ○とおり道 ○みちのり、行程	○通りみち	○通りみち	○人や車などが往来するための所、通行する所、道路、通路 ○目的地に至る途中 ○みちのり、距離
○ことわり、すじ、道理、正しいすじみち ○人が行うべき正しい道理、人道	○すじ、ことわり、道理	○すじみち、宇宙を支配する根源的な真理、条理	○人として守るべき条理、宇宙の原理	○人が考えたり、行ったりする事柄の条理、道理 ○道理をわきまえること、分別
○てだて、やり方、方法、手段	○方法、手段	○やり方		○てだて、手法、手段

表　「道」

○主義、主張 ○学問、技芸 ○教え、教義、説教	○学説、主張、思想 ○技芸	○専門の技芸、理論	○専門の学問、技芸	
○儒家の教えで説く仁義、徳行 ○道家で説く宇宙万物の根源、現象の本体 ○道教 ○仏教	○老荘思想の根本理念又その学派、道教	○神仏の教え（特に老子、荘子を祖とする教義） ○衆生が行きつく迷界	○神仏の教え、菩提悟り ○人間の落ちる迷いの世界 ○道家の教え、道教	○（特に）儒教、仏教などの教義
○言う、説く	○言う、はなす	○言う	○言う、語る	
○通る、行く ○導く	○したがう ○みちびく	○みちびく		
○道の神、道祖神の祭り	○祭りの名、道祖神			○方面 ○足場
（行政区画）	①中国の唐、明、清時代の行政区画 ②律令制下の行政区画（東山道など） ③普通公共団体の一つ（北海道）			

第五章　中国における道《ドウ》の思想の展開

本章においては、中国における道に関する思想の展開について、古来の伝統的概念である「天」と「易」とともに儒教、道教、漢訳仏教の三つの思想における道との関わりを辿ってみることとする。

漢語「道（ドウ）」に関わる思想は、中国においてさまざまに展開し、古代日本に伝えられたが、『哲学思想事典』（岩波書店　二〇〇四年刊）においては、次のように整理して述べられている。

○道は中国哲学思想の最重要課題の一つであり、人間世界の規範、道理から、さらに宇宙の根本的な規律、原理、あるいは本体を意味するまでに至っている。道の原義は真っ直ぐな道路である。これに由ることで目的地に達することから、依拠すべき規範、目標、階梯を意味するに至る。

○儒家にあっては、人倫の道（道徳規範）の意義が強調され、道家にあっては、道は万物の起源の本源あるいは形而上学的の原理を意味するに至り、易の天道観を結合しながら中国的宇宙論を構成する最重要概念となる。そして、天道と人間との相即的関係に立ちながら、すべての道の展開を綜合する形で朱子の宇宙論的哲学が成立する。

○日本においては、中国的な道の思想とともに、特に芸道というような〈踏むべき階梯・作法〉の意義が強調された道概念が成立し、多様に展開された（子安宣邦氏）。

一　「天」の概念

中国思想において中心的な位置を占める「天」の概念は、周代以降、主宰の天、命運の天、道義の天、自然規律・法則の天などが諸書に見られるが、横断的には、

(1) 皇帝の統治権の正当性が、天に基づいていること。
(2) 天人一気、天人一理の構造をもち、天人相関、天人合一の思想が生ずること。
(3) 天が民を生ずるとする生民観により、民は、国家、朝廷（政治的領域概念）ではなく、天下（道徳的領域概念）の民と観念されること。
(4) 天の本質が、公平・均・調和であることから天の公という概念が生まれること。
(5) 地理、政治的概念である天下が、天下公の観念を含むことにより、万民性、道徳性を合わせもつものに至ること。

などの中国的特質をもっているものであるとまとめられる。

「天道」の概念は、語としては、「天命」（『詩経』）より遅れて『書経』に見られるが、

(1) 「天道、善を賞し、淫を罰す」（国語、周語）といった善・正義の一般的思考を含意する。

(2)「天道運《めぐ》りて積《とどこお》る所なし、故に万物成る。」（荘子「天道」）のような自然界の規律性を示す語として用いられる。

自然界の運行の天を反映しているが、存在の根拠そのものは、「天命」のもとにあるとされている。

（本項は、溝口雄三氏「天」（『岩波哲学思想事典』による。）

二　「易」の概念

「易」も、中国古代に淵源する重要な哲学的概念である。

「易」は、陰陽二元論を基本とする。その陰陽は、相反する性質をもつが、敵対するものではなく、相補って万物を構成し、互いに転換し合うこともある。また「易」は、変化という意味をもち、宇宙の万象は、人間の運命をはじめ、耐えざる変化の中にあり、変化することと自体が常態であるとされる。

『易経《えききょう》・繋辞伝《けいじでん》』においては、「易は窮まれば変ず、変ずれば通ず」として、変化により万物の生成発展があるとし、固定せず、固執せず、互いに相求め、相補うことが必要であるとする。

この陰陽二元論から、シンボルとしての陰（消極）、陽（積極）の二爻《こう》、爻《こう》を三つ重ねた乾《けん》、坤《こん》、震《しん》、巽《えん》、坎《かん》、離《り》、艮《ごん》、兌《だ》の八卦、八卦を重ねた六四卦が設定され、変化を予知する占筮が行われた。

『易経』は、周代において成立し、『周易』とも呼ばれる易占のための書であり、五経の一つとして重要なものとされる。

陰陽思想は、戦国時代に見える五行思想と合わせて、陰陽五行説とされる。五行思想は、土、木、金、火、水の変化により、自然現象、社会現象を説明するものであり、五行相勝、五行相性の循環など、変化の概念である。

（本項は、野村茂夫氏「易」（『岩波哲学思想事典』）などによる。）

三　儒教における道の思想

前八〜三世紀、中国において諸侯が覇を争った春秋の時代に、孔子によって説かれた礼による人道の思想は、孟子により王道の思想を加え、さらに諸子によって儒学として形成され、前二世紀には漢学とされ、理論的にも発展し、実践的にも重用される。

孔子の思想は、人間の行うべき道徳（人道）は、礼によって実践されるとし、人々が礼によって規定された分を守れば、「仁」を実行したことになるとする。仁の根本は、孝悌であり、君主もまた礼を守り、その分を超えてはならない。

人間の守るべき徳は、天から与えられたものであり、人間は天命のもとにあり、学問や修養によって天子の徳を補い、人道を全うし、天を祀って帰依することが必要であるとする。孔子は、怪力や乱神を認めず、呪術に走ることを戒めた。

『論語』は、弟子による孔子の言行録であるが、孔子の教えの基本とされる「礼」については、次のように述べられている。

○礼の用は和を貴しと為す。先王の道もこれを美と為す。小大これによるも行われざる所あり、和を知りて和すれども、礼を以てこれを節せざれば、亦た行われず（学而）。

○これを道びくに政を以てし、これを斉《ととの》うるに刑を以てすれば、民免《まぬが》れて恥ずることなし、これを道びくに徳を以てし、これを斉うるに礼を以てすれば、恥ありて且つ格《ただ》し（為政）。

孟子（前三七二年〜前二八九年）は、人道のあり方に力を注ぎ、人間の性は、仁義礼智の四端が具わっており、その性は善であり、修養によって徳を完成することができれば、人間は聖人となり天命に合致することができるとした。孔子の説いた孝悌の道を拡げて、孝悌仁義の徳とし、君主も徳を積むべきで、君主が徳を失えば、民の信服を得た他の有徳者に天命は革められる＝革命を説いた。

前二世紀漢帝国が成立するが、武帝の時代に董仲舒《とうちゅうじょ》が、政治は天命に従って行われるべきで、正しい政治は孔子の説いた治国平天下の道であるとして、儒学は官学とされる。五経の博士が置かれ、大学で儒学が講ぜられ、試験による官吏採用が行われて、歴代王朝の統治思想として、重用される。

一二世紀後半、朱熹により宋学が大成され、儒学の中心を占め、朱子学と呼ばれ、明代において、王陽明《おうようめい》は、人間の心に備わる良知を実践により顕現することを目的とし、知行合一説を唱え、陽明学として大成する。

儒教の中国における展開は、時代とともに教学として変遷するが、歴代王朝のみならず朝鮮半島や日本列島において、重要な統治思想として伝えられ、重用された。

四　老子における道の思想

老子道経、老子徳経の二編により伝えられる老子の思想は、道を万物の始源とする玄妙な思想とされる。『老子』と、道に終始なく物に死生ありとする『荘子』、陰陽の変化の根源にある究極的原理を説く『周易』は、道を説く三玄の書とされている。

『老子道経』の開巻に、

○道《みち》の道とすべきは、常の道に非《あら》ず、名《な》の名とすべきは、常の名に非ず。名なきは天地の始め、名あるは万物《ばんぶつ》の母。故に常に無欲にして以て其の妙を観、常に有欲《ゆうよく》にして以て其の徼《きょう》を観る。此の両者は、同じきに出でて而も名を異《こと》にす。同じきをこれを玄《げん》と謂《い》い、玄の又《ま》た玄は衆妙《しゅうみょう》の門なり（究極の原理）。

○故に道、これを生じ、徳《とく》、これを畜《やしな》い、これを長《ちょう》じ、これを育《そだ》て、これを亭《かた》（凝）め、これを毒《あつ》（厚）くし、これを畜《やしな》い、これを覆《おお》う。生ずるも而も有《ゆう》とせず、為《な》すも而も恃《たの》まず、長たるも而も宰《さい》たらず。これを玄徳《げんとく》という（玄徳）。

このような道の究極的発想から、さらに、「天長地久」「上善若水」「無為自然」「絶聖棄智」「柔弱之徳」などの原理や実践が説かれる。

伝統的な「天」の概念との関係については、「人は地に則り、地は天に則り、天は道に則り、道は自然に則る」としている。

前四世紀、宋国に生まれた荘子は、老子の道の一元論に立って無の思想を展開した。人間は天命のままになる存在であり、天の定めた分《ぶん》に安んじ、天与の本質を保全すべきである。拘束する人為を排除し、自他の別を忘れるならば、天与の分に安んじて、他を待つことも他から制せられることもなく、逍遙が得られる。道を体した聖人や王者は、無為にして無不為となり、民は定められた分に満足し、命に従うことになる。また、理由も分からずに生じ、理由も分からぬまま存在する個物のあり方こそ、万物すべてが共有する絶対的同一性であり、万物斎同が道の内容であると説いた。

漢代には、神話伝説上の黄帝《こうてい》と老子を一体として崇拝する黄老《こうろう》思想が現れ、老荘思想と不老不死を願う神仙思想が合体して道教の思想が形成され、五世紀には寇謙之《こうけんし》により、教義、儀礼、教団などを具えた道教として確立される。

五　漢訳仏教における道の概念

紀元前四世紀頃、インドの仏陀により説かれた縁起説による八正道《はっしょうどう》の実践の教えは、数世紀にわたる四回の結集《けつじゅう》により教義が確立され、上座部・大衆部などの仏教集団が生まれたが、紀元前後には大乗《だいじょう》仏教が興起する。

大乗仏教は、慈悲の菩薩行を中心とする自利利他を説いたが、ガンダーラなどの西域《さいいき》を経て、中国へ伝えられ、漢訳され、次第に弘宣されて、隆昌する。一～二世紀には安息、康居、月氏などの西域諸国の仏僧が次々に経典を携えて渡来して漢訳に従事し、三世紀には、中国側から朱子行が西域のコータンに求法の旅を行い、般若経を入手したと伝えられる。

伝来した仏教の思想は、当時の中国の思想、特に類似していたと考えられる道教の思想によって解釈（格義）され、仏陀の教えにおいて到達すべき境地、Bodhi（サンスクリット語）を道と訳したと伝えられる。

四世紀には、亀茲国《きじこく》から来た鳩摩羅什《くまらじゅう》が「妙法蓮華経」などの経典や『中論』などの論書三五部二九四巻の翻訳を完成した。法顕《ほっけん》は難路を越えて西域に赴き、律の梵本（サンスクリット）を持ち帰り、漢訳した。

七世紀初唐の時代には玄奘《げんじょう》が天山北路を通って、インドへの苦難の旅を行い、仏典七五部一、三三五巻を持ち帰り、長安の翻経院《ほんきょういん》において漢訳されている。

仏教において道の漢語は、

○菩提は是れ胡語、此（中国）に転じて、道と為す（慧遠《えおん》『大乗義章《だいじょうぎしょう》』）。

○如実に道を得たる者を道人と名付く（龍樹《りゅうじゅ》『大智度論《だいちどろん》』）。

○道というは、如何。涅槃の路を謂う。これに乗じて能く涅槃の城に行くが故に（世親《せしん》『倶舎論《くしゃろん》』）。

○善悪の両業、人を通じて果を至しらむ。これを道（六道）とす（『大乗義章』）。

と、重要な概念として用いられる。

中国における漢訳仏教は、三論《さんろん》、法相《ほっそう》、天台などの諸学派により、思想的に深化し、拡められ、さらに禅や浄土について独特の思想が生まれ、時代の社会的思想として、隆昌する。南北朝から唐朝にかけては、王政の篤信を受けて、儒教、道教と並んで、大きな影響力をもつこととなった。

（三～五については、金谷浩氏『老子』、山口修氏『東洋文化史』などの著作を参照した。）

第六章　日本の古代思想におけるみちと漢文化思想の伝来

五世紀頃からの古代日本には、漢文化圏の思想が朝鮮半島を通じて、あるいは中国大陸から直接流入するが、中国から伝来した漢文化圏思想は、日本古来の固有の思想と遭遇し、受容、反発、習合などのさまざまに展開する。道《どう》に関わる語や思想は、和語の「みち」の訓の読み方により、「道《みち》」という漢と和の概念や思想を含んだ語として、使用されることとなる。

日本古来の「みち」の語の成り立ちについては、次のような見解がある。

① 道を意味する「ち」に、接頭語「み」がついてできた語（広辞苑）。

② 御路の意（大辞泉）。

③ 「み」は接頭語、「ち」は路、元来道路を管理する神を敬って「み」をつけたもの（言泉）。

④ 「み」は神につく接頭語、「ち」は道、方向の意の古語。領有する神や主がいると考えられた（岩波古語辞典）。

古来のみち、伝来した道の語と思想を中心に、古代神話を伝える『古事記』、上代の和歌集『万葉集』、日本最初の史書『日本書紀』により、考察する。

一　『古事記』における道

日本古代における国生み、神生みの神話が『古事記』として伝えられている。道について『新潮日本古典集成　古事記』（西宮一民氏校注、昭和五四年　新潮社刊）により考察する。漢文で書かれ、仮名交じり文で読まれる『古事記』は、その序（太安麻呂《おおのやすまろ》の上奏文、和銅五年～七一二年）で明らかにされているように、天武天皇が舎人稗田阿礼《ひえだのあれ》に勅《みことのり》して、帝紀及び先代の旧辞を撰録したものとされている。

その内容は、三巻とされ、

上の巻においては、天之御中主神《あめのみなかのぬしのみこと》などの造化の独神による「むすび」（生成）、伊邪耶岐命《いざなぎのみこと》・伊邪耶美命《いざなみのみこと》による国生み、神生み、出雲の国の神による国譲りなどの国の創世の由来が述べられている。

中の巻においては、番仁岐命《ほのににぎのみこと》の高天原《たかまがはら》から荒ぶる神を治めるための高千穂の嶺への降臨、神武天皇の神託を受けての葦原《あしはら》の国の征武統合、崇神《すじん》天皇の神祇祭祀などの神から人皇への国づくりの歴史が、下の巻においては、聖帝の仁徳天皇、征武の雄略《ゆうりゃく》天皇など、仁、武などの徳《いきおい》による人皇の国の統治の歴史が、推古天皇まで語られる。

『古事記』における神話の空間的構成は、高天原（天上界）、葦原の国（現《うつ》し国、地上界）、黄泉《よみ》の国（死者の国、地下界）とされ、それぞれ、天かける雲路《くもじ》、黄泉の平坂《ひらさか》が通路の言葉として使われ、常住の理想郷「常世《とこよ》の郷《くに》」には浪の秀を踏みてとされており、多くの葦原が生える葦原の国には、とおり道としての道が用いられる。

国々、神々を生んだ伊邪耶美命が火の神を生み、みほと（女陰）を焼かれて黄泉の国に行き、追って帰りを説く伊邪耶岐命が「あな視たまひそ」の禁忌を犯し、恥をかかされたとして、醜悪な女や黄泉の軍に追われて、平坂を越えて逃げ、道のほとりにあった桃の子三つを投げて撃ち、平坂を巨岩で塞いだとの記事がある。桃は葦とともに、邪気を払う呪力のある植物で、後に追儺《おにやらい》の行事に桃の弓で葦の矢を番《つが》えて、鬼を払う形（延喜式）となり、平坂との境界を巨岩の霊能によって塞いだことは、悪霊邪鬼の侵入を阻止することを意味して「塞《さい》の神」とされ、塞の神は道祖神の信仰につながるものとされる。

みちの関係では、神武東征の折、道臣命（後の大伴の連《むらじ》の祖となる）が活躍したことが述べられているが、『日本書紀』（神武紀）においても次のように述べられている。

皇師《みいくさ》、中洲《うちつくに》に趣《おもぶ》かむとす。而るを山の中険絶《さが》しくして、復行くべき路《みち》無し、乃ち棲遑《しじま》ひて其の跋み渉《ゆ》かす所を知らず。時に夜夢みらく、天照大神《あまてらすおほみかみ》、天皇に訓《おし》へまつりて曰《のたま》はく「朕《あれ》今頭八咫烏《やたのからす》を遣す。以て郷導《くにのみちびき》としたまへ」とのたまふ。果して頭八咫烏有りて、大空より翔び降《くだ》る。天皇の曰はく、「此の烏の来ること、自づからに祥《よ》き夢に叶へり。大きなるかな、赫《さかり》なるかな。我が皇祖《みおや》天照大神、以て基業《あまつひつぎ》を助け成さむと欲《おもほ》せるか」とのたまふ。是《こ》の時に、大伴氏《おおともうじ》の遠祖日臣命《とおつおやひのおみのみこと》、大来目《おおくめ》を帥《ひき》ゐて、元戎《おはつはもの》に督将《いくさのきみ》として、山を踏み啓《みちをわ》け行きて、乃ち烏の向ひの尋《まま》に、仰ぎ視て追ふ。遂に菟田下県《うだのしもつこおり》に達《とおりいた》る。因《よ》りて其の至りまし処を号《なづ》けて、菟田の穿邑《うがちのむら》と曰ふ。時に勅《みことのり》して日臣命を誉めて曰はく、「汝忠《いましいさをしき》有りて且勇《またいすみ》あり。加能《またよ》く導の功《みちびきいさをしさ》有り。是を以て、汝が名を改めて道臣《みちのおみ》とす」とのたまふ。

征武統合における神託と道の重要性が合わせて、語られている。

『古事記』は、神を中心とする建国の歴史であり、道《みち》は、「通り道」の意味で使われており、独自の神の道、神道というような後世の思想の体系は、当時はなかったのではないかと考えられている。

二　万葉集における道

『万葉集』は、日本の古代における最古で最大の歌集であるとされ、七〜八世紀において編纂された。さまざまな立場の人々による四千数百首の和歌で構成されている。

『万葉集』に歌われた「道」について、『新潮日本古典集成　万葉集一〜五』（青木正子氏他四氏校注、昭和五九年　新潮社刊）により考察する。

和歌は、歌垣、酒宴、労働などの場において謡われた歌謡から、表現を讃美、恋、悲傷などの感情に集中することによって、純度の高い文学的世界が形成され、文字に記すことにより伝えられたとされる。

歌体は、後世の和歌を代表する短歌体（五・七・五・七・七）が多いが、長歌体（二六〇余首）、旋頭歌体《せどうかたい》（五・七・七・五・七・七、六〇余首）、仏足石歌体《ぶっそくせきかたい》（五・七・五・七・七・七・七）も含まれている。

表記は、編纂の時点において伝来していた漢字に当てはめて行われており、古訓（万葉仮名）が施されている。

『万葉集』の和歌は、公的な場で披露されたさまざまな歌である雑歌《ぞうか》、互いに問う形で個人の情を伝える相聞《そうもん》、広く死を悲しむ挽歌《ばんか》に分かれて編集されるが、譬喩歌《ひゆか》、東歌《あずまうた》、防人《さきもり》の歌なども含まれている。

『万葉集』の和歌については、古くから多様性、創造性、文学性をめぐってさまざまな評価論議が行われてきたが、その歌風は、古歌集とされる時代から奈良遷都までの藤原京などの時代においては、天皇の国見歌《くにみうた》などの天皇讃歌、国土讃歌が高らかに、相聞や挽歌においては、愛や死に対する感情が率直に歌われていたのに対し、白鳳《はくほう》から天平の時代には、自然を静かに観照する叙景的作品、歌物語的な性格を持つ相聞の創作、死を嘆きつつ故人を回想する歌へと次第に変遷する過程を辿ることとなる。

道に関わる歌として、

○　軽皇子《かるのみこ》、安騎《あき》の野に宿ります時に、柿本朝臣人麻呂《かきのもとのあそみひとまろ》の作る歌

やすみしし　我が大君　高照らす　日の御子　神《かむ》ながら　神さびせすと　太敷《ふとし》かす　都を置きて　こもりくの　泊瀬《はつせ》の山は　真木《まき》立つ　荒山道《あらやまみち》を　岩が根　禁樹《さへき》押しなべ　坂鳥の　朝越えまして　玉かぎる　夕《ゆふ》さり来れば　み雪降る　安騎の大野に　旗すすき　小竹《しの》を押しなべ　草枕　旅宿《たびやど》りせず　いにしへ思ひて　（巻一　四五　雑歌）

軽皇子（後の文武天皇）が安芸の野に、父草壁皇子《くさかべのみこ》を偲んで狩りをした時の想い、柿本

人麻呂が我が大君（天皇）を「日の御子　神ながら　神さびせす」と讃えている。

○　畑子《はたこ》らが　夜昼といはず　行く道を　我れはことごと　宮道《みやぢ》にぞする　（巻二　一九三　挽歌）

「ことごと」は、ただひたすらに、「宮道」は宮仕えの道であるが、ここでは殯《もがりのみや》宮に通う道とされる。

○　信濃道《しなのじ》は　今の墾《は》り道　刈りばねに　足踏ましなむ　沓はけ我が背　（巻一四　三三九九　東歌）

東歌は、東国人の風俗・心情を都人に知らせるためにまとめられた。巻一四の総題である。『続日本紀』に和銅六年（七一三年）、木曽路を通したとあり、その頃の作か。

○　己妻《おのづま》を　人の里に置き　おほほしく　見つつぞ来《き》ぬる　この道の間　（巻一四　三五七一　防人の歌）

隣村に妻を置く防人の任地へ向かう途中の作。

天平万葉の時代になると

○　山上憶良《やまのうえのおくら》は、長歌「貧窮問答歌《びんぐうもんどうか》」（巻五　八九二〜八九三）において

かくばかりすべなきものか　世間《よのなか》の道

を結語とし、

世間を　厭《う》しと恥《やさ》しと　思へども　飛び立ちかねつ　鳥にしあらねば

を反歌として謹上する。

「世間《よのなか》」は、仏教語「世間《せけん》」の訓読語であり、世間虚化の無常思想をくぐった言葉であるとされる。憶良は渡唐の経験のある官人歌人でその作歌に儒教、仏教などの大陸文化の影響が色濃いとされる。

『万葉集』最後の歌人である大伴家持《おおとものやかもち》は、

○　天平勝宝二年三月一日の暮《ゆうべ》に、春苑の桃李の花を眺めて作る歌二首として

春の園　紅《くれない》にほふ　桃の花　下照る　道に　出で立つ娘子《おとめ》

我が園の　李《すもも》の花か　庭に散る　はだれのいまだ　残りてあるかも　（巻一九　四一三九）

日本古来の桃と中国渡来の李が、においやかな美の艶麗たる構図のもと並べられ、燦然と咲き誇った天平文化として、歌われている。

三　漢文化思想の古代日本への伝来

漢文化思想の古代日本への伝来の最初の経緯を史書である『日本書紀』により考察する。『日本書紀』三〇巻は、養老四年（七〇二年）、舎人親王《とねりしんのう》が勅命により修したとされる日本最初の史書で六国史の第一とされ、帝紀、旧辞、政府・諸氏・地方の記録、寺院の縁起、個人の覚書、外国の記録などを資料として編纂され、漢文で表記されている。岩波文庫版『日本書紀』（坂本太郎氏他三氏校注、二〇〇三年　岩波書店刊）によることとし、「応神紀《おうじんき》」などと略記する。

（応神紀）

十六年春の二月《きさらぎ》に、王仁《わにまうけ》来り。即ち太子菟道稚郎子《ひつぎのみこうぢのわきいらつこ》、師《みふみよみ》としたまふ。諸《もろもろ》の典籍《ふみ》を王仁に習ひたまふ。通り達《とほさと》らずということ莫し。

「典籍」は、経書など儒教の書物とされる。

太子菟道稚郎子は、異母兄大鷦鷯尊《おほさざきのみこと》との間で聖の徳を理由に位を譲り合い、「天命」であると自死し、禅譲する。

位についた兄仁徳天皇が、難波高津宮の高殿から「烟気《けぶり》、域《くに》の中に立たず」として、百《おおみ》姓《たから》の貧しさを想い、三年二度の課役を中止して民生の安定を図り、「聖帝《ひじりのみかど》と称めまうされ」たことが仁徳紀に伝えられている。

この時代に、朝鮮半島を通じて招請により儒教思想が導入され、天命、禅譲、聖帝などの概念が古代日本の倭の王制に現れていることが見られる。

（欽明紀）

此の法は能《よ》く量《はかり》も無く辺《かぎり》も無き、福徳果報《いきほひむくい》を生し、乃至《すなは》ち無上《すぐ》れたる菩提《ぼだい》を成弁《な》す。譬《たと》へば人の随意《こころのままなる》宝《たから》を懐きて、用《す》べき所に逐《したが》ひて、尽《ことごとく》に情の依《まま》なるが如く、此の妙法《たえなるのり》の宝も然なり。祈り願ふこと情の依にして、乏《とも》しき所なし。且夫れ遠くは天竺《てんじく》より、爰に三韓《みつからくに》に泪《いた》るまでに、教《みのり》に依《したが》ひ奉《う》け持《たも》ちて、尊《とうと》び敬《うやま》はずといふこと無し。是に由りて、百済《くだら》の王臣明《こきしやつがれめい》、謹みて陪臣を遣して、帝国《みかど》に伝え奉りて、畿内《うちつくに》に流通《あまねは》しむ。仏の我が法は東に流《つたは》らむ、と記《のたま》へるを果すなり。

五三八年の百済からの仏教公伝の記述であるが、これを機に崇拝派と排仏派の氏族の争いが激化し、天皇・氏族の暗殺や両派の激闘となり、五九四年、推古天皇の三宝興隆の詔により、五六年を経て、仏教が受容される。

第七章　古代社会における漢文化思想の伝来の影響

五世紀以降の日本へは、漢文化思想が伝来し、伝統化しつつあった古代社会における思想と遭遇し、反発し、変容して新たな展開が見られ、また、新たな和風の文化が興隆する。その経緯と道に関する思想の展開について『日本書紀』と諸論文により概略を辿ることとする。

六四六年、中大兄皇子が中臣鎌足連と図り、皇極天皇の前で、大臣蘇我入鹿を斬り、仏教氏族の大臣蘇我氏は滅びる。

大化の改新が行われ、年号を大化と初めて定める。広大な徳化を意味するとされる。

七〇八年、都は、奈良山の南、平城京に遷都する。

壮大な都市計画のもとに、唐風、和風の建築が行われ、造営は各国からの多大な役務の提供によるものであるが、逃亡、餓死の事態もあったとされている。

歴代の天皇は、仏道を篤く尊信し、仏教の国教化の動きが生ずる。

平安京における貴族政治を背景に、宮廷において、王朝文化の花が咲き、仮名交じり文による国風文化が展開し、歌道が興る。

このほか、神仏習合による本地垂迹説や、修験道・陰陽道の思想が興る。

一　大化の改新と律令制

大化二年春正月の賀正の礼のあと、改新之詔を宣する。その骨子は、

① 私地（屯倉・田荘）、私民（名代・子代・部曲）の廃止

② 京師・畿内国、郡司などの地方制度、関塞・斥候・防人などの軍事制度、駅制の設定

③ 戸籍・計帳、班田収授法の制定、租の一定率の決定

④ 調、官馬、兵器、仕丁など設定

であり、唐の律令法を念頭に作られ、律令法典の整備による日本の律令制度が形成されることになる。

中国王朝の君・臣・民の晋天率土の思想による治国平天下の体系に学んで設定されたが、中国では帝とされる君を、祭祀の伝統を継承する天皇とし、臣には、新たに太政官制を設け、氏族から選任することとして、伝統的な天皇の祭祀を中心とする氏族連合体制から、治国平天下のための律・令による体制への転換を図る趣旨のものと考えられる。

太政官たる官人については、そのあり方として、臣の道が強調される。詔においては、

太夫は、民を治めしむる所なり。能く其の政治を尽くすときは、民頼る。其の禄を重く

せむことは、民の為にする所以なり。

などとし、中国の士太夫の思想、儒教思想による臣の道が説かれている。

律令制は、大宝律令、養老律令において完成するが、官制は、次のとおりとされる。

① 中央官制は、神祇官と太政官に分かれ、太政官は、太政大臣、左大臣、右大臣、大納言、少納言、左右弁官が必要に応じて任命される。中務、式部、治部、民部、兵部、刑部、大蔵、宮内の八省、弾正台、衛門、馬寮、兵庫、後宮が置かれる。

② 地方官制としては、東西京職、摂津職、大宰府が置かれ、国・郡・里の体制が布かれる。

③ 中務省には、陰陽寮（陰陽博士・陰陽師）、式部省には、大学寮（大学頭・大学博士・昔博士・書博士）、宮内省には、典薬寮（医博士・医師・呪禁博士）が置かれ、それぞれの分野における学問的研究・教育が行われた。大学寮における講義は、儒教思想による士大夫の道が説かれたものと考えられる。

律令制による国家の統治体制の改革は、公地公民制と律令官制を基盤とするが、公地公民による班田収受の制度が、新しい墾田による荘園制の発展により影響を受け、公民の租庸調の未進や放棄流浪などの事態を受けて衰退し、官制は、摂関家貴族による、中央・地方官制の独占、権門化などの事態により、対立抗争が激しくなって、争乱が生じ、やがては、中世に連なる政治的・社会的変動の原因となる。

二　仏教の国教化と鎮護国家

七四一年、聖武天皇は凶作、疫病への神仏の霊験を願い、国分寺創建を発願する。国ごとに七重塔一基、七尺の観音像一体を造り、観音経一〇巻を写すこととされていたが、国分寺を二寺に分かち、僧寺を「金光明四天王護国寺」、尼寺を「法華滅罪之寺」とし金光明最勝王経一〇部、法華経一〇部を書写することを命じている。金光明最勝王経の四天王護国品は「国にこの経を読誦し、供養して流布に努める国王が出るならばわれら四天王はつねに来って擁護し、一切の災害は除き、憂愁や疾病もまた癒し、願うところは叶えて心はつねに歓喜を生じせしめよう」とあり、四天王の護国擁護の趣旨が述べられている。

七四三年には、「国中の銅を尽くして尊像を鋳、大きな山の木をみな伐って仏殿を構えひろく法界に及ぶまで、知識を集めて、ともに利益を受け菩提を招致したいと思う」として、蓮華蔵世界を照らす毘盧舎那仏《びるしゃなぶつ》の造立を発願し、東大寺に五〇尺余の大仏が造立される。荘厳を極めた開眼供養では参加者が感動し、天皇自ら、「朕、三宝の奴とならん」と述べたとされる。

平城京における律令制の朝廷は、仏教を尊信し、国教のように扱われ、歴代天皇も厚く尊信したが、道鏡法王の天皇即位について、神仏習合の傾向の強かった宇佐八幡宮の神託をめぐっての和気清麿呂の事件があり、道鏡は左遷され、仏僧の活躍は鎮静化する。

七九四年　桓武天皇により、平安京への遷都が行われ、仏教の関係では、私度僧の取締り、政治への関与の否定、山林修行の承認の措置が講ぜられる。

遣唐留学生であった最澄、空海はそれぞれ天台、真言の教義を学び、帰朝後において比叡山、高野山に道場を開き、地方巡化や、公共への寄与など具体的実践にも努めた。

最澄は、唐において天台の摩訶止観を学び、円、密、禅、戒の四宗兼学を伝え、教義においても三一権実、大小戒律などの論争を行って、伝教大師と呼ばれている。

空海は、唐において清竜寺の恵果について密教の研究に没頭し、金剛界、胎蔵界の神法を修得し、帰朝後、真言密教の弘通に努め、弘法大師と呼ばれている。

ともに、従来からの南都の三論・法相などの学派に対して、宗派を開き、鎮護国家、教王護国の立場を貫いている。

三　古代の神々と神仏習合

古代社会の人間が、外界の超自然的な諸力を畏怖し、崇拝したことは、人類に共通の現象とされるが、日本の古代社会においては、「チ」「ミ」「タマ」「ヌシ」とともに、「カミ」があったとされる。

カミは、自然神、人格神があり、祖先神、精霊があるとされる。祖霊（タマ）には、アラ（荒）ミタマとニギ（和）ミタマがあり、神々の禁忌を破れば、ツミが生まれるとされる。カミが神という漢語で呼ばれるのは、後代になってからであるが、その由来は明らかでない。

こうした神々を崇拝し、鎮め、加護されるための祭祀が必要である。古代日本では、氏族として構成される血縁・地縁の共同体が、カミを氏神として崇拝し、祭祀を行う祭祀共同体の役割を負った。

神は、勢いあるものとされ、いきおい（徳）として神格化され、化生（ナリマス）、生殖（ムスビ）の活動が讃美され、死は禁忌として祓われる。

規則的なマツリ（供物、祝詞、祓の儀式、新年祭、新嘗祭などの年中行事）を行い、不規則な事態におけるウラナイ、カミガカリにより神意を伺い、災厄を祓い、福を招来する祈禱、呪術を行う。

共同体の祭祀が、共同体を基礎とする政治と結び付き、政治と祭祀が一体化され、「まつりごと」とされる。この過程において、カミは加護する守護神とされ、また産土神との性格を帯びる。日の神アマテラスを皇祖とする天神地祇の神話の体系は、その代表的典型であり、藤原氏と春日神などの氏族崇拝などの例も見られる。

奈良時代以降になると非業の死を遂げた政治的敗者や英雄（菅原道真、平将門）の怨霊現象から「御霊信仰」が特化され、祟り神に対する祈禱、呪術などの対応に、朝廷を中心に苦慮することとなる。

祭祀と政治の共同体である氏族を基礎として、天神地祇の神話を軸に形成された古代日本の神は、新来の仏教の受容に際して、蕃神《あたしくにのかみ》に対する国神《くにつかみ》とされ、受容の是非をめぐって激しい政治的対立・抗争が起こる。

律令体制における神祇祭祀の尊重や仏教の国教化の歴史的流れのなかで、神と仏との習合の考え方が生じ、本地垂迹《ほんじすいじゃく》説が展開する。

最初は、仏は本地であり、神々は六道（地獄、餓鬼、畜生、修羅、人間、天人）を輪廻し、仏により救済される衆生であるとするもので、奈良時代には、神宮寺の設立、神前読経が行われている。

平安時代になると、神自らが仏法により悟りを開いて利他行を行う菩薩となる観念が生まれ、八幡神は八幡大菩薩となる。日本の神々は、本地の仏の垂迹したもの、権現したものとされ、教義としての本地垂迹説に発展する。

四　修験道と陰陽道

古代日本において見られる二つの道《ドウ》と呼ばれる思想、修験道と陰陽道《おんようどう》について考察する。

古来から日本に生じたとされる修験道について、五来重氏「修験道の修業と原始回帰思想」（『講座日本思想・自然』一九八二年　東京大学出版会刊）では次のように述べられる。

一般に修験道と呼ばれる山岳宗教は、自然宗教、実践宗教として知られており、大自然そのものを修行の場として過酷な苦行を行い、超人間的験力をたくわえて奇跡を現すものとされている。

修行は、神道の祝詞、仏教の経典、陀羅尼とともに陰陽道の符咒を用いるが、まとまった教理、哲学があるのではなく、本尊らしきものも、蔵王権現、法起菩薩、勝軍地蔵、執金剛神、天狗などさまざまである。

古代には、天災地変や疾病疫癘について、支配者、貴族も修験道の実修者である禅師、験者、聖にたよることが多く、古代仏教も、行基、良弁、道鏡などの高僧が修験道を併修することにより朝野の信仰をうけている。

修験道は、山岳、林藪、瀑布、海洋、岬角などの自然を修行の場として、禅行（禅定と苦行）を行っている。禅定は窟などに籠もって俗界から遠ざかることであり、苦行は木食や断食断水、礼拝、行道その他の滅罪行を指し、禅師は山岳修業において禅行を修する者である。山は神体山、巌石は盤境《いわさか》・盤座《いわくら》、樹木は神籬《ひもろぎ》と呼ばれるが、礼拝の対象は、これらの自然物や動植物に宿れる神もしくは霊魂であり、自然や物に神霊が宿るという現象は「依代《よりしろ》」と呼ばれている。

修験道は、開祖を役行者《えんの》とし、一年の時を定めた入峰修行を行い、山籠りして、禅定と苦行を実践する日本の山岳修行者が古来から行ってきたもので、原始回帰の志向があるが、仏教や神道と結合して、行を中心とした道として成立していく過程を見ることができる。

律令の職制においては、中務省に陰陽寮が置かれ、天文密奏・造暦・報時・卜座などを扱い、陰陽博士、陰陽師が活動した。

陰陽道《おんようどう》は、特殊な占法をもって四季のめぐり方、方位などを基に、国家・社会・人の行為行動に関する凶吉禍福を判定する方術で、中国から伝わった陰陽五行説を中心に日月や十干十二支の運行配当を考え、吉凶の判断を導き、時日、方位に関する禁忌を設定し、祭祀作法を行った。

律令制の下での大化年号以来の祥瑞改元を平安時代の災異改元に改めたのも、この陰陽思想によるものであったとされ、摂関政治の宮廷においては、物忌、方位などの禁忌に関する判断が重ぜられた。

平安時代中期には、賀茂光栄の暦道、安倍清明の天文道の研鑽により発展し、政治の動揺、社会の混乱とともに、将来の予測にすがる公家が多くなり、迷信化も強まった。

鎌倉時代以降、武家階級に広まり、また民衆生活に結び付いた祭祀作法を行う陰陽師座・陰陽師法師などが社会的に専門化し、集団化し、後世にわたって活動した。

五　国風文化の展開と歌道

平安京の初期の時代には、唐から移入された漢詩文が盛んになり、朝廷の文章博士、詩博士を中心に、官人貴族が作文、詩作に励み、勅撰漢詩集『経國集』（八二七年）などが編纂される。

和文が発展するに伴い、日本古来の歌謡としての和歌、文学的作品としての物語、和文による日記、紀行文、随筆が、和国本来の芸術的文化として発展する。

このうち、物語文学は女性による作品、仮名による文章が多い。『伊勢物語』に続いて、『源氏物語』五四巻が紫式部によって創作され、書写され、もてはやされた。

『源氏物語』は、宮廷社会において、世界に類をみない優美な人間社会を描いており、宿世の煩悩に苦悩する藤壺や霊的世界に関わる六条御息所など人間の本質に迫り、至上の文学性を有すると評価される。

また、清少納言（藤原元輔の女）の『枕草子』、藤原孝標の女『更級日記』などに、才知溢れ、感性豊かな細やかな女性文学の白眉が伝えられている。

和歌については『古今和歌集』（嵯峨天皇、九一五年）から「新古今和歌集」（後鳥羽天皇、一一八八年）まで、数多くの勅撰和歌集が撰せられている。

平安朝の朝廷においては、しばしば天皇、貴族を中心に歌合せが催され、判が行われ、判詞としての歌論が残されている。

『新古今和歌集』仮名序において摂政藤原良経は、

たえせぬ道をおこしつれば、露霜はあらたまるとも、松ふく風のちりうせず、春秋はめぐるとも、空ゆく月のくもりなくしてこの時にあへらむものはこれをよろこび、この道をあふがむものはいまをしのばざらめかも

を結びとしており、やまと歌が、道（歌道）であると認識し、表明している。

輩出する歌人達により、和歌が三一文字の和風の詩として数多く歌われ、藤原公任、壬生忠岑、藤原基俊、藤原俊成などにより、歌判・歌論が残されている。

壬生忠岑は、「和歌体十種」において

わが宿の花みがてらに来る人は散りなむのちぞ恋しかるべき

などの五首を挙げ、

是の体、詞一片を標し、義万端を籠めたりとして、「余情（よせい）」を賞揚している。

藤原基俊は、「幽かに遠く心の惹かれてゆく深さ」「幽遠な情趣美」を幽玄と評したとされるが、藤原俊成は、

打ち寄する五百重《いほへ》の波の白木綿《しらゆふ》は花散る里の遠目なりけり　藤原隆季

の判詞に置いて、「風体は幽玄、詞義凡俗にあらず」とし、また、

うちしぐれものさびしかる蘆の屋の小屋の寝覚めに都恋しも　藤原実足

について、「ものさびしかる」「都恋しも」などといえる姿「已入幽玄之境」とする。

本項は、久保田淳氏「幽玄とその周辺」(『講座日本思想・美』一九八四年　東京大学出版会刊)などによったが、見通しの形で次のように述べられている。

幽玄という語は、深遠微妙で明確には理解しがたい。しかしながら深奥な内容を蔵しているということから時間的ないし空間的に隔絶するために、言葉に表したり視覚に訴えたりするという点においては制約が加えられるけれども、むしろそれゆえに一層深い意味が籠められていると考えられる美、及びそれに向かう心の謂いとなり、それは当初古代的な雰囲気を湛えた対象に関してしばしば認められるものであったが、さらに中世が進むにつれて過去のものとなっていった王朝の貴族的な美しさややさしさ、優美、艶美をも意味するようにと変化していったのであろう。

歌道において究極の美意識として探求された幽玄の境は、中世においても、他の道においても究極としての新たな展開を生ずるようである。

飛鳥・白鳳・奈良の黎明期に、中国から伝来した王羲之《おうぎし》の書法の強い影響を受けた日本の書道は、平安時代に黄金期を迎える。『日本美術全集』（学習研究社編）平安鎌倉の書「三筆・三跡」によれば、弘仁年間に、嵯峨帝、橘逸勢《たちばなのはやなり》、空海の三筆や最澄の書が生まれ、さらに、小野道風、藤原佐理、藤原行成の三跡により、均斉のとれた優美な書体による和様書道が完成する。女手（平がな）による消息や文なども筆跡とともに、料紙、香箱などの装飾も工夫され、独自の美を発揮するようになり、和歌集もかな文字が多くなる。

世尊寺流、法性寺流、青蓮院流などの書流が生じ、後世の源流となる。

書流は、書道の流派とされ、秘伝が伝えられており、歌道とともに書道が、道として認識されていたと考えられる。

第八章　中世における思想と道

一二世紀末、武家政権である鎌倉幕府が樹立され、鎌倉時代、南北朝時代、室町時代を経て、大名領国の戦国時代に至る四世紀は、日本の歴史においては中世とされる。

律令制における公地公民制の衰退、官人統治の弱体化に伴う政治的状況の変化を背景に、抬頭した武士団により構成される幕府、守護、地頭の体制が、全国の荘園、公領を実質的に管理支配し、朝廷、貴族の政治権能は弱体化し、権威化する。

一〇〇年余にわたった鎌倉幕府による武家社会を中心とする政治体制は、所領の細分化、蒙古襲来における過重の負担などにより、御家人が弱体化し、天皇親政を目指す正中の変（一三二四年）を機に崩壊する。

足利氏により京都に室町幕府が樹立されるが、公家化の傾向が著しく、北山・東山文化が興隆するが、次第に地方的統治基盤を失っていく。

応仁の乱（一四六七年）以降、下剋上の風潮もあり、地方豪族、土着守護、国人衆などから、家臣団を構成し、農民層を直接把握した分国大名が抬頭して支配し、互いに争乱し、覇を争った。

内乱が続き、農民生産は停滞したが、技術の向上、宋や明との交易により、経済は発展し人口も増加した。

これら時代を通じて、継承した古代思想の変容、禅僧などによる中国文化の導入により、新しい思想の展開が著しく、中世思想の特色が指摘されている。

本章においては、中世の重要な思潮であった「道理観」と「末法観」の社会的深化、日本古来の思想としての神道理論の展開、武士団の行動様式となった武士道、混乱と争乱の時代を描いた戦記と隠遁の思想、室町文化において興隆する芸道の思想について考察する。

一　道理観の思潮

相良亨氏「日本人の道理観」(『講座日本思想・秩序』)においては、道理は一般的には物事のあるべきすじみちと解されるが、一三世紀に重い意味をこめて用いられたとして

① 歴史における道理を説くものとしての慈円『愚管抄』(一二二〇年)

② 武士社会における争訟についての道理を定めた『御成敗式目』(一二三二年)

③ 仏法における道理を伝える懐奘《えじょう》『正法眼蔵随聞記』(一二三二年)

が挙げられている。

『愚管抄』においては、道理という言葉が数多く用いられており、その意味するところはさまざまであるが、歴史の基本的理法とされているのは、刧初刧末の道理とする「盛者必衰会者定離」「法爾自然《ほうにじねん》」の歴史下降の道理である。この下降の道理に「滅罪生善トイフ道理」を対治させ、おとろえたるのちにいささか立て直す「オコシタリ」を繰り返しつつ全体として下降するとする。

冥の道理として、冥衆の御心を人間が心得ていた冥顕和合の代から次第に冥と顕が乖離するが、冥衆は末代に至るまで常に存在して世のあるべき姿を想うとし、後悔、無道、破局な

どの七段階があるとする。

国王の種性について、「王胤ハホカニウツルコトナシ」は、冥が日本国の「世ノタメヒトノタメヨカルベキヨウ」を基本として定めたが、時代により、非嫡子即位、退位、摂政などが「ナラヒ」「サダメ」の道理として現れたとし、常にその状況に即して新しい「ナラヒ」「サダメ」を定めて生きる生き方が「大方の道理」であるとされる。

慈円は、関白九条家に生まれ、仏門に入り、天台座主となった人であり、朝廷と幕府が対立した承久の乱（一二二一年）の直前に著された『愚管抄』は、優れた歴史書であるとともに、天皇と摂家将軍の合体を説く経世論の性格を有するとされる。

鎌倉の法と呼ばれる『貞永式目』は、鎌倉幕府による武家社会固有の法であり、訴訟裁定の規準を成文化したものであるが、制定者執権北条泰時は、「ただ、道理のおすところを被《しる》記《され》候也」としている。

習《ならい》、例《ためし》、定《さだめ》は、歴史的に形成され、生き方の規範に大きく関わってきたものであるが、原理的に統一されたものでなく習俗であった。

式目は、限定つきとはいえ、網羅性をもつ中世幕府中唯一のつくられた法典であるが現実に対応して具体化する必要があるものを選択する意味のものであり、立法時点における裁判の争点に集中している。

「道理のおすところ」とは、慣習的な道理を踏まえて今に処する道理を追求する営為のおすことの意味に解され、客観的に捉えられる。道理には、慣習的な習、例、定による「大方の道理」と、当面のそのつど捉えられる具体的事態に処する道理があり、後者は前者を踏まえて状況に応じて修正されるものとして捉えられ、その姿勢は、常識あるいは、衡平の観念の質を問うことであるとされる。

『正法眼蔵随聞記』においては、「一切のことにのぞんで道理を案ずべきなり」「時に臨み事に触て道理を思量して、人目を思はず自らの益を忘れて、仏道利生の為に能やうに計らふべし」「只時にのぞみて兎も角も道理に契《かな》ふやうにはからふべきなり」のように、具体的な事態に臨んで僧としての処し方としての道理が、道元の言葉として語られる。これは、仏法における道理であり、僧が自分以外に養う者のない老母を捨てて仏道に入る例や養育してくれた重病の師を捨てて渡宋する例などにより、「両方倶によければ、最も道理である」とするなど、仏道の道理のあり方について述べられている。

評定衆を務めた北条実時（一二七六年没）は、その家訓において、所領配分の裁定、賞罰は「詳シク道理ヲタダシ」「私シ無ク」行えとするが、「設《も》シ心ノ不及ニヨテ、ヒガ事ヲ行ヒ候トモ、其ノ心私ナクテ、人ノ為、世ノ為メ思テ行候ハソニハ、人ウラミ不及ズ天ソノ徳ニクミシ候ベキ也」としている。

的確な道理の判断のむずかしさが、ひたすらなる心の無私性の重視に動いていく傾向が見られる。

「道理ヲ弁へ、是非ヲ判《はん》ズル心性」は、『愚管抄』における「正直ナル将軍」、『沙石集』における「正直ナル賢人」など、中世的な「正直《せいちょく》」として重視されている。

二　末法観と鎌倉仏教

仏教における時代観といわれる正法、像法、末法の三時の思想は、六世紀頃インドに興り、中国においては、随・唐の時代が末法の時代とされて、時代と人間について深い内省を促したとされる。

日本においても奈良時代から末法意識が高まり、吉蔵『法華玄論』、最澄『末法灯明記』により、永承七年（一〇五二年）から、仏滅ののちの正法千年、像法千年を経て、末法の時代に入ったとされるようになった。

末法の時代は、教、信、証のうち、教だけが残り、人がいかに修行して悟りを得ようとしても不可能となる時代とされ、やがて教えも完全に滅びる「法滅」を迎えるとされる。平安時代末期は、天変地異、飢餓、疾病、盗賊、放火、戦乱が続き、社会が荒廃した時代であり、末法到来の意識が特に高まった。

仏法は伝来以来、奈良・平安時代を通じて貴族層を中心に信奉され、次第に民衆に広まり、地方に浸透していったが、仏教的集団においては、密教的修法に偏り、戒律が守られず、諸派集団が世俗化し、対立する状況が生じていた。

このような社会的現実や仏教の状態に対して、末法の到来を背景に、教相を改め、戒律を厳守するとともに、衆生救済の立場から積極的布教を行う動きが高まり、日本における新興の仏教として法然、親鸞、栄西、道元、日蓮、一遍らにより鎌倉仏教が興起し、新宗派が形成される。

このうち、道元においては「果報ヲ得ガ為ニ仏法ヲ修ムベカラズ、旧ダ仏法ノタメニ仏法ヲ修スルハ、即チ之レ道ナリ」(『学道用心集』)のように行を道として、求道修行が純粋化され、強調される。

鎌倉新仏教の多くは、祖師の開いた教相のため、旧来の仏教と対立し、政治権力との間に紛争を生じたが、祖師自らによる教宣活動により、各地(東国)各層(民衆、武士)に幅広く浸透し、新に宗教集団が形成され、社会的、経済的、政治的に強い影響力を有するようになり、民衆的な一揆勢力や世俗的権力となったものも現れる。

三　神道理論の展開

古代思想である神の思想は、一定の神祇儀礼、祭祀の儀式として伝えられ、語られ、神仏習合の過程において、山王神道（天台系）、両部神道（真言密教系）の形で理論化が図られたが、鎌倉時代末期に伊勢神宮宮司渡会氏の人々により、『神道五部書』が集大成され、これを教典とし、主体的な教理とする伊勢神道が体系化される。

伊勢神道の理論については、さまざまな位置づけの論議があるが、教義的意義を、丸山真男氏「神道理論の発展」（『日本政治思想史五』）では、次のように分析されている。

① 神代史を素材とした宇宙論の組織化―『日本書紀』を神典とし、陰陽五行説などにより天地開闢を説明する。
② 一定の倫理教説の付与―「正直《せいちょく》」を本とする。
③ 天孫統治と神国観念の結合―神国思想による全国の神宮の伊勢神宮への系列化

伊勢神宮の教義は、御師（下級神官）が祈禱師として地方回遊し、神宮の権威と利益を下級武士、農民に説き、御厨《みくりや》（寄進）を勧誘し、参詣団を組織して普及が図られ、江戸時代には、伊勢参り、御陰参りの習俗を生むこととなる。

南北朝時代、北畠親房は『神皇正統記』（一四三四年）において

大日本《おほやまと》は神国《かみのくに》なり。天祖《あまみおや》始めて基《もとみ》を開き、日神長く統《よつぎ》を伝えたまふ。我国のみ此事あり、異朝にはその類無し。この故に神国といふなり

と皇祖神統治が天壌無窮の神勅を結合したとされる神国思想が述べられ、さらに三種の神器は、鏡（正直）、玉（慈悲）、剣（智恵）の三徳を天皇統治の指導原理として内包することを明らかにする。

神器に象徴される徳を天皇において実現するとして、規範主義的『正理』と血統的『正統』を調和させようとしており、仁政主義が神道と儒教との双方の天の概念によって基礎づけられている。

北畠親房は、南朝方の中心的存在であり、その主張には現実的緊迫感があり、後世の神国思想や神道概念に大きな影響を与えている。

四　武者の習い、武士道

平安時代末期までに、地方の豪族や土着の受領などを中心に形成された武士団は、上皇、公家、武将などを巻き込んだ源平の争乱により勢力を得て、鎌倉幕府の開設により、将軍、守護、地頭による武家社会の体制が政治的に重要な機能を果たすこととなる。

全国の荘園の地頭は、総地頭職である鎌倉将軍によって任命され、職《しき》（収入）を伴う管理権と警察権を有することとなるが、将軍と武士団である御家人との関係は、御恩と奉公という双務関係で結ばれる。

御恩は将軍による御家人の所領の支配についての保証、安堵であり、奉公は代償の性格を有する将軍への献身であって、見参の儀により、「主従のちぎり」として成立する。この主従的結合の献身は、戦場における「名」を惜しむ武者の習い、弓箭の面目として、武士団の存在形式であり、行動様式であって、武士的政権を支えたが、時代とともに変容し、戦国時代には、武士道の形となったとされ、丸山真男氏「武士のエートスとその展開」（『日本政治思想史　五』）においては、次のように分析されている。

①　強烈な名誉感と自負心が中核概念であり、「名」、「武門の誉」と呼ばれる名誉感は、

外面化の方向としては、名声、評判への関心（立身出世的個人主義）、内面化の方向としては、自尊心（独立的自由的個人主義）によっている。

② 主従のちぎりには、没我の献身を強調する立場（動機主義的）と御恩と奉公との相互性を強調する立場（功利的、結果主義的）とがあるが、心情倫理的要素と利害打算的要素とが本質的に分かちがたく結びついている。

③ 関東御成敗式目（貞永式目　一二二三年制定）は、国司、領家の件に及ばない武士社会固有の法であるが、生きた法、規範としての「道理」が重要な意義を有しており、自然法的、民事訴訟的制度のなかに、法の正当な手続の尊重など道理が具体化されている。

鎌倉時代の末期から南北朝、室町幕府を経て応仁の乱に至るおよそ二〇〇年間においては、統治の権威や社会的規範が解体の一途を辿り、むき出しの実力闘争の時代となり、道理の時代、末法の時代に対置される非理非道の時代、下剋上の時代、悪党の時代となる。御家人制内部に、窮乏と離反が起こり、非御家人であった天皇、摂関系の荘官、武装地方豪族、寺社寄人、座を結集した借上《かりあげ》等が抬頭し、武士団の構成に変化が生じる。流動化した御家人、国人、地頭、地侍から、独立の勢力として、党《ともがら》的、一揆的団結や、惣あるいは党と呼ばれる地縁的集団が生じ、有力守護との主従関係が生ずるようになる。

御家人体制における御恩と奉公との関係は、これらを背景に重要な変化が生じ、特に蒙古合戦後においては、幕府への恩賞要求が熾烈となる。武士団のエートスの変化として、利害関係による忠誠対象の選択、同族の平等の立場での盟約、結合、儀礼よりも臨機応変を重んずる思潮、伝統的権威に拘束されない傍若無人の行動が見られる。

応仁の乱（一四六七年）後の一〇〇年にわたる戦国の状況は、室町時代初期からの下剋上が最下層にまで徹底し、荘園制秩序と幕府・守護の体制がともに崩壊し、郷村制の拡張とともに、分国大名による一円支配が進み、被官を完全に家臣団化して城下に集めるとともに、百姓を直接生産者として把握していく過程であり、国人一揆、一向一揆などが抬頭し、守護大名は戦国大名に変化していく。

戦国大名は、家法、家訓により家臣団を統率する方向が見られるが、

① 業績主義による評価、器用などの臨機応変の重視（朝倉敏景一六箇条）
② 武道の強調、教養主義・遊芸の否定（甲州法度次第）
③ 正直の精神、油断の戒め、リーダーの率先遂行（草雲寺殿一一箇条）

など、儒教的な「道」と鮮明に区別される武士道の特色が表れており、気風として、「豪傑」が代表的武士道とされる。

武士道という言葉は、実践の技術と不可分の観念として自覚され、技術自体に一種の精神的意味が与えられて、「道」として抽象化され、これと日常的作法や徳目が合流して、江戸時代初期には、「武士道」という一般的概念が形成される。

五　軍記物語の世界

戦乱の中世においては、数多くの軍記物語が著されたが、『平家物語』、『太平記』が歴史文学としても著名である。

『平家物語』一二巻は、平清盛の栄華と横暴を中心に一三世紀の平家一門の興亡を無常感を中心に描き、琵琶法師の語りにより広く諸層に、伝えられた。

混乱を極めた戦乱の時代であったが、抬頭する東国の武士勢力は、美しく武装し、弓矢とる身の習ひとして名を惜しみ闘う存在として描かれている。また、無常観は、祇王、仏御前、熊谷直実、小宰相、平維盛、そして建礼門院（平清盛の娘、入水する安徳帝の母）など数奇な運命に直面する人々について描かれ、出家、念仏し往生の素懐を遂げた人々として、無間地獄に落ちた人々と対比される。

宇治橋、倶利伽藍峠、鵯越が、大合戦や戦略の場として描かれており、南都焼打の責を負うて鎌倉へ護送される平家の公達重衡の東下りの道行文は、主人公の心情に物語を重ね、和歌を配した韻文調で広く愛誦された。

文中、なさけの道（色恋）、恩愛の道（親子）、まことの道（仏道）の語が見られる。

作者、成立は、諸説あるが不詳とされる。

『太平記』四〇巻には、その序において

覆って外なきは天の徳なり。明君これを体して国家を保つ。のせて棄つることなきは地の道なり。良臣これにのっとって社稷を守る。

として、天の徳（明君）、地の道（良臣）が、ともに失われたとする立場から南北朝時代を中心に半世紀にわたる乱世が語られる。

諸説あるが、一三七〇年頃の小島法師の作と伝えられ、宮中や寺院で朗読され、時代を経るにしたがって、御伽衆や物語僧などにより講釈され、もてはやされたという。

各地で行われた凄惨な争闘のありさまとともに、武者の美と名誉、悪党の乱行による塩谷判官夫妻の悲劇が語られ、南朝方の武将楠正成の忠節や山道における機略の戦法が後世に伝えられている。

作者の眼は、南朝側に立っているように見えるが、天の徳、臣の道がともに失われているとして、朝廷、公家、武士、悪党などの乱れを冷静に見ており、民衆的立場からの叙述も多い。

六　漂泊と隠遁の思想

中世文化の特色とされる漂泊と隠遁の思想は、西行法師『山家集』、鴨長明『方丈記』、占部（吉田）兼好『徒然草』などに結晶する。

若き北面の武士佐藤義清《のりきよ》、西行（一一一八〜一一九〇年）は、

○惜しむとて惜しまれるべきこの世かは身を捨ててこそこの身を助けめ

と詠んで出家し、東山、大原、高野などでの閑居、東北、陸奥への漂泊のなかに、人間の生活の自由を讃え、自然に対する専心なあこがれ、一期行脚のなかのさびしさ、さびを歌っ

た。『山家集』には、
○願わくは花のしたにて春死なんそのきさらぎの望月の頃（花の歌あまた読みけるに）
○春風の花の吹雪に埋まれてゆきもやられぬ志賀の山路（落花の歌あまた読みけるに）
○鈴鹿山うき世を外にふり捨てていかになりゆく我が身なるらん（世を遁れて伊勢の方にまかりけるに鈴鹿山にて）
など一、二五〇首ほどが残されている。

鴨長明《かものちょうめい》（一一五三〜一二一六年）は、時代の現実を凝視し、無常感により世を嘆ずる。『方丈記』において、安元の大火、治承の辻風、福原への遷都、養和の飢饉、元暦の大地震などによる都の惨状を、路傍の記として、

母の命尽きたるを知らずしていとけなき子のなお乳を吸いつつ臥《ふ》せるなどもありけり

と訴える。

賀茂御祖神社の正弥宣惣官であった鴨長継の次男として生まれ、父の夭折後、歌道を志し、歌合わせに順調な成績を残し、『新古今集』に撰歌され、和歌所の寄人に任ぜられるが、後鳥羽院の新官社神職の任命についての格別の配意を辞し、失踪、出家する。

晩年、浄名居士、維摩詰の故事にならい、日野に一丈四方の草庵を営み、阿弥陀仏の絵像、経、琵琶を置き、欣求浄土の願のなかに、方丈の閑居についての境地を述べる。

卜部《うらべ》兼好《かねよし》、法名兼好《けんこう》は、神祇系下級貴族の家に生まれ、六位の蔵人に任ぜられたが、後二条帝の没後、辞して出家し、関東への下向、横川《よかわ》の山里の閑居などを経て、歌人としての歌合わせの奉召、有職故実の指導を行いつつ『徒然草』を逐段執筆した。

つれづれなるままに、人間、社会、自然、無常などをついての感想・意見、逸話、奇聞、滑稽談、有職故実などが語られる。

教訓性と通俗性に富み、広汎に読まれるが深い人間把握の仕方、真実を求めて已まないきびしい求道の精神、伝統を背景とした洗練された趣味と美意識などに裏づけられたものであるとされる。道について

詩歌に巧みに、糸竹に妙なるは幽玄の道、君臣これを重くすといえども、今の世には、これをもちて世を治むる事、漸くおろかなるに似たり、金《こがね》はすぐれたれども、鉄《くろがね》の益多きにしかざれるがごとし。

などと述べられている。

七　能と芸道

室町時代には、公家化した将軍、武将、伝統を伝える貴族、大陸文化と交流する五山の学僧を中心に、東山文化、北山文化が興隆し、世阿弥《ぜあみ》（能）、宗祇《そうぎ》（連歌）、利休（茶）、雪舟（画）など多くの芸術家が輩出し、特色ある文化が創造され、芸道が幅広く確立される。

大和の山田猿楽の芸流を継ぎ、観世座を建てた観阿弥《かんあみ》、世阿弥父子は、将軍足利義満、関白二条良基《にじょうよしもと》の知遇を得て、天覧能、勧進能などの演能、夢幻能などの作能に努め、観世能を確立した。新潮日本古典集成『世阿弥芸術論集』（田中裕氏校註）によれば、世阿弥は数多くの伝書を残している。観世能の秘伝を伝える『風姿花伝』の序において、

されば古きをまなび、新しきを賞ずるうちにも、全く風流をよこしまにすることなかれ、ただ言葉卑しからずして、姿幽玄ならんと、うけたる達人と申すべきや、まずこの道を至らんと思ふ者は、非道《ひだう》（猿楽能以外の芸道）を行《ぎょう》ずべからず。ただし歌道は、風月延《ふうげつえん》年《ねん》の飾りなれば、もっともこれを用うべし。

として、能についての道としての学び方、姿の幽玄の境地について、修得と蓄積のための稽

古論、演能のよしあしを測る「人々心々《にんにんこころごころ》」に対する工夫論を述べている。

「別紙口伝」おいては、

申楽も、人の心に珍しきと知るところ、すなわち面白き心なり、花と面白きと珍しきと、これ三つは同じ心なり。

とし、秘する花を肝要の花と知ることが窮めであるとしている。

世阿弥は、その晩年、将軍義持にうとまれ、佐渡に配流されるが、『花境《かきょう》』において、「幽玄之入堺事」として

幽玄の風体の事、諸道、諸事において、幽玄なるをもて上果とせり。ことさら当芸において幽玄の風体、第一とせり。

「妙所の事」として、

妙とは、たへなり。たへなると云えば、形なき姿なり。形なきところ妙体なり。

と述べ、能の芸道における究極としての幽玄とともに、妙所が芸論として主張されている。

世阿弥は、能の芸術的世界、分野において究極としての花、幽玄を求め、年来の稽古、工夫の必要性を秘伝として伝え、芸論として妙所を述べており、芸道としての能の確立に重要な役割を果たしている。

第九章　近世における思想と道

幕藩体制による鎖国的統治から、幕末の開国維新に至るおよそ三〇〇年は、歴史的には近世として位置づけられ、道に関わる思想は、重要な政治的社会的機能を果たし、文化的光彩を放つ。

日本古来の古典の注釈、研究から「古学《いにしえのまなび》」が国学思想として展開し、本居宣長は、道《どう》の思想を漢意《からごころ》と批判し、大和意《やまとごころ》を「古の道」、日本固有の道として、明らかにする。

元禄期を中心に、文化芸能の分野において、町人を担い手とした文化創造が盛んとなる。井原西鶴（浮世草子）、松尾芭蕉（俳諧）、近松門左衛門、市川団十郎（浄瑠璃、歌舞伎）、菱川師宣（浮世絵）、尾形光琳（蒔絵）などの文人、芸人が輩出し、新しい形の文化芸能が興隆する。富商、町人を中心とする遊里文化も形づくられ、大衆のための道中記と東海道ものが作られる。

「第二章　江戸の道」のほか、子安宣邦氏「近世の思想」（『日本思想史読本』一九七九年東洋経済新報社刊）などにより、近世における思想的状況の中で、考察する。

一　儒学者による「道」の論議

江戸幕藩体制のもとにおいて、儒学は官学とされ、儒者は幕府、大名の顧問として、統治のあり方に関与し、藩校、儒塾において、武士や商人を対象として儒学を講じた。

その思想的中心は、朱子学における「道」であり、聖人の道、先王の道、人の道が論じられる。

第二章において、述べたところであるが

○藤原惺窩《ふじわらせいか》　人倫的、本体的な道徳性としての至善と明徳、親民秩序との和合

○林羅山　自然的秩序としての「分」と理気統一の「心」による道徳秩序の維持

○熊沢蕃山　「私を排し、天をもって動く」とする、災害復旧、飢饉の救済の実践

○山﨑闇斉　義を伴う居敬窮理の「敬」による修身、斉家、治国平天下の道

○貝原益軒　陰陽の流行そのものに理があるとし、理は気の条理である。

○山鹿素行　「道とは日常行為との連関における人の由るべきところであり、武士は、専心「道」を追求すべきである」として士道を説く。

○伊藤仁斉　道を「人倫日用当行の路」とし、人の外に道なく、道の外に人無しとする。

○荻生徂徠　先王の道は、天下を安んずるの道なりとし、武士の知行地への土着を献策する。

など、道に関する論議が多様に行われる。

享保期以後、儒学は徂徠学の衰退とともに、諸派に分立する状況を呈するが、時代を指導する思想たりえず、「寛政異学の禁」により次第に衰退の度を深める。

士農工商の職分の中で、賤とされた町人層から、商工業の振興、経済力の向上を背景として、町人文化が興隆し、町人道の思想が展開する。

商人・町人の社会的役割を強調し、また、そのための町人の心得、規範を道として説く町人道の思潮は、商人の売買を天下の相《たすく》とし、商人を市井の臣とする石門心学《せきもんしんがく》・石田梅岩《いしだばいがん》の道話（『都鄙問答《とひもんどう》』）や家業に勤勉であっても、算用細かくあるべきとする合理主義を説く豪商・三井高房（『町人考見録』）などに現れている。

二　近世国学思想における道

近世の国学思想「古学」の特色は、古言を正確に理解することを通じて、上代のことをつまびらかに明めるとする古典研究の方法認識の存在と不可分な人間観であるとされる。

水戸光圀の依頼により、『万葉集』の注釈、『万葉代匠記』を完成した僧・契沖《けいちゅう》（一六四〇〜一七七一年）、「古の歌は人のまごころ」として、万葉仮名によって表記される古歌に浪漫主義的な人間形象、積極的な人間的価値を見出す賀茂真淵《かものまぶち》（一六九七〜一七六九年）に続いて、源氏物語論『紫文要領』と歌論『石上私淑言《いそのかみささめごと》』を完成していた本居宣長《もとおりのりなが》（一七三〇〜一八〇一年）は、賀茂真淵から『古事記』の研究を託され、『古事記伝』を著し、近世国学思想が形成される。

本居宣長は、儒仏の道を、人の実のこころの有様に異なる情をおさへてつとむることを善とする漢意として批判し、

異国の道は、こちたくさまざまな名を設け、賢く人を教へたてて、治まりがたき国を治むる道なり。大御国はことさら治むるわざをせざるども、おのづからに天の下は治まりて、天地《あめつち》の寄り合ひの極み動かず変らぬ御国なれば、しひて人を教へ尊くわざも向かはせん。教へみちびくことなければ、名を設けることもなし。これ人の道といたく異なるよしなり。（『古事記雑考』）

さらば、わが御門にはさらにさやうの理《ことわり》がましき心をまじえず、賢《さか》しだちたる教へを設けず、ただ何ごとも神の御心にうちまかせて、万をまつりごち給ひ、また天の下の青人草《あおひとくさ》

（人民）もただその大御心を心として、なびきしたがひまつる、これを神の道といふなり。（『石上私淑言』）

と古来固有の神の道として述べる。

古典注釈学から出発し、漢意による日本の伝統を批判する古典研究は、「道てふことなけれど、道ありしなり」（『直毘霊《なをじのみたま》』）として絶対化され、中世以来の神道論とは異なる「古の道」として、近世国学思想の中心思想となり、後世に大きな影響を与える。

『石上私淑言』には、「道」の語について次のように記述されている。

「美知」は「御路《みち》」にて、「知《ち》」といふが本語なり。今も「山路《やまぢ》」「野路《のぢ》」「船路《ふなぢ》」「通ひ路《かよひぢ》」などは、「知」とのみいふをもて知るべし。これに「美《み》」をそへて「美知」とはいふなり。『古事記』に「味御路《うましみち》」、『日本書紀』に「可怜御路《うましみち》」とある、これ神代《かみよ》の古言《ふること》なり。されば「知」といふも「美知」といふも同じことにて、ともに道路の意のみにて、その外の義は上古はさらになかりしなり。しかるに外国《とつくに》より文字渡りては、「道」の道路の意のみならず、「道徳」「道義」「天道」「人道」「道心」「道理」など、その外もさまざまの意を兼ねたる文字なるを、此方にて「美知」といふ言に用ゆるによりて、この字をばいづれの意に書きたる処《ところ》をもみな「美知」と訓《よ》むゆゑに、後にはおのづから「美知」の言をも「道」の字の義どもにいづれにも用ゆることになれるなり。すべての言にこのたぐひ多し。（中略）されば、歌よむことをも「歌の道」といい、後には音にて「歌道《かどう》」と呼ぶなり。

三　近世の遊里文化とみち

中野三敏氏「すい、つう、いき―その生成の過程」（『講座日本思想・美』）において、「すい」「つう」「いき」は遊里文化という特殊な土壌の中で芽を出し育まれていった独自の存在様態であり、精神様態であるとされる。

一七世紀中頃から、島原（京都、寛永年間）、吉原（江戸、慶長・元和年間）、新町（大阪、元和年間）の三都の廓の開設が公認され、商人の財力が最高潮に達する半世紀後の明暦、万治、寛文の時代に本格的に殷賑を極める。

公的に許された遊里という場における倫理上、人道上、社会上の問題としてよりは、恋愛という積極的、人間的行為による文化的創造力が注目され、分析されている。

『吉原枕ゑ』（万治三年）序においては、

おひたるもわかきも、たかきもいやしきも、もつはらこのむべきはただ此みちなり。……たのしみのうはもり、ゑいぐわのもなかなれば、長じても長ずべきみち也

と遊里礼讃が「みち」として述べられる。

『色道大鏡』の著者藤本箕山は、

われ世に出て三十年道を見る事十有八年、旦夕断絶なく修して当道至極の理をしる。而我この道を立て、はじめてこれを色道と名づく。

として、ただ一人、色道と名付けた理念を徹底して図った「痴れ者」とされる。

「すい」は、近世前期の仮名草子から浮世草子に、「つう」は中期の洒落本、滑稽本に、「いき」は、後期の人情本に具現されていると捉えられている。

「すい」は、遊里の中で男女関係を規定する理念として生まれ、江戸時代を通じて遊里語の世界でのみ通用した言葉である。

仮名草子の遊女評判記に登場する「すい」とは、水《すい》（遊女）の月《ぐわち》（田舎者）の関係において相手の品格や手練手管の度合いに応じて、如何ようにも対応することができるという融通無碍といった境地の体得者を意味するとされる。

また、まじり気のない巧者の意として純粋、生粋の「粋」、判断して機敏に身を処する推察推量の「推」の語の意とも解されている。

「つう」は、『色道大鏡』において

気のとをる　しやれたるといふ詞にひとし。物をいひきかさねども心通じ、はやくさとる貌《かたち》也。

とし、「気のとをる」とは、遊興においてすっきり物わかりのよいわけのわかった人とされ、宝暦期の談義本では通り者、明和期の洒落本では通・通人が見られ、安永期の洒落本では大通ができ大流行となる。

三升屋二三治著『十八大通』では、蔵前の札差、問屋の旦那連、吉原・品川の廓者の町奴の風俗を残した威風自慢、大酒呑みや無駄遣いの大気さなどが語られ、廓の外へ飛翔した文化的創造であると見られている。

「いき」は、『色道大鏡』においては、

意気、いき路ともいふ、路はいきの道筋の心也。又助語也。いきのよしあしは、尋常《よのつね》にもいふべけれど、先当道本《まずたうどうほん》とす。心いきのよしあし也。心のきよきをいきよしといひ、心のむさきをいきのわるきなどといふ。また心のたけたると、初心なるといふにもかよふ也。

名著とされる九鬼周三氏著『いきの構造』（昭和五年）においては、「いき」は、「媚態」「意気地」「諦め」の三契機があり、意気地と諦めには、民族的、歴史的色彩が見られるとする。媚態は、異性への恋情をもつことを公認された廓においては、すい、つうの存在を前提としたいきの基調としての人格の表明であり、化政期以降の女性の方面から具体的な事物の状態を示す言葉として、「いきな年増」などに変化してゆく傾向が見られるとされている。

「いき」は、廓の文化的創造力が薄まるにつれ、廓の呪縛から離れ、独得の精神性を示す言葉から、美意識としての「いき」が独り立ちを始めたとされる。

四　人形浄瑠璃における道行

近松門左衛門（一六五三～一七二四年）は、武家出身の京の公家侍で、古典を学び、有職《ゆうそく》故実《こじつ》を修得するが、一九歳の時、芝居の魅力にとりつかれて、浄瑠璃や歌舞伎の作者としての下積みの苦労をする。一六八四年、竹本座の竹本義太夫の旗揚げを機会に、『出世景清』

などの作者としての活躍が始まり、元禄一五年（一七〇二年）『曽根崎心中《そねざきしんじゅう》』が大当たりとなり、以後『心中重井筒《しんじゅうかさねいづつ》』『国性爺合戦《こくせんやがっせん》』『心中天網島《しんじゅうてんのあみしま》』などの操り浄瑠璃の名作を作劇する。歌舞伎においても、名優・坂田藤十郎により、『傾城仏の原』『傾城壬生入念仏』が演じられている。

道行浄瑠璃が流行する晩年の作『心中天網島』においては、心中に向かう紙屋治兵衛と遊女小春の名残の橋づくしの道行《みちゆき》が語られる。

ころは十月。十五夜の月にも見えぬ。身の上は。心の闇の印かや。今置く霜は明日消ゆるはかなき譬《たとえ》のそれよりも先へ消え行く閨《ねや》の内。いとしかはいと締めて寝し。移り香もなんと。流れの。蜆川。西に見て。朝夕渡る。この橋の天神橋はその昔。管丞相《かんしょうじょう》と申せし時筑紫《つくし》に流され給ひしに。君を慕ひて太宰府へたった一飛び梅田橋。あと追ひ松の緑橋。別れを嘆き。悲しみてあとに焦がるる。桜橋。今に咄《はなし》を聞き渡る。一首の歌の御《おん》威徳。かかる尊《たっと》き荒神《あらかみ》の。氏子といわれし身を持ちて。そなたも殺しわれも死ぬ。もとはと。問へば分別のあのいたいけな貝殻《かひがら》に。一杯もなき蜆橋《しじみばし》。短きものはわれわれが。この世の住居。秋の日よ　十九と。二十八年の。今日の今宵を限りにて。ふたりいのちの捨てどころ。爺《ぢい》と婆《ばば》との末までもまめで添はんと契りしに。丸三年も。馴染まいで。この災難に大江橋（逢）「あれ見や難波小橋《なにわこばし》から。舟入橋《ふないり》の浜づたひ。これまでくればくるほどは冥途の道が近付く」と。嘆けば女もすがり寄り。「もうこの道が冥途か」と見かはす顔も見えぬほど。落つる涙に堀川の。橋も水にや浸《ひた》るらん。（略）

往生場では、治兵衛の妻おさんへの義理を欠いたとする小春の口説き泣きに続いて、俗世間との縁を切るとして、黒髪、投島田を切ってともに法師、尼となり、南無阿弥陀仏を唱えつつ治兵衛の「弥陀の利剣」に胸を突かれて七転八倒する小春の業苦と、小春を手にかけた末、「一蓮托生南無阿弥陀仏」を唱えつつ縊死の段を踏み外してしばし苦しむ治兵衛の業苦が語られる。

本稿は、新潮日本古典集成『近松門左衛門集』（信多純一氏校注、解説）によったが、市井を題材とした作劇、独自の節廻しによる義太夫（竹本政太夫）の語り、錬磨された人形の操りに、享保五年（一七二〇年）一〇月の大坂竹本座の町人衆は、熱狂したものと思われる。

自らを「世のまがひもの」と自筆辞世した作者の透徹した人間観と卓抜な作劇の技は、歴史的に伝承され、「文楽」として現代の人々に幅広く深い感動を与えている。

五　道中記と東海道もの

文化文政年間には、伊勢神宮、善光寺、西国巡礼などの信仰に物見遊山を兼ねた庶民の講の長旅が流行し、道中の旅の記録が、記念の石碑とともに残されている。竹内誠氏「旅の大衆化」（『日本の近世・文化の大衆化』中央公論社　一九九三年刊）においては、さまざまな道中記録が研究されている。

奥州南部藩和賀郡立花村肝煎役次男吉藏の記録「参宮道草喰」（一八三九年）には、江戸、大山、富士山、伊勢、高野山、大坂、京都などの名所、寺社、旧跡などへの順路、里程、到着した町や村の性格、宿屋、茶屋、遊女の有無、橋代、船賃、木賃をはじめ、その土地の米一升の値段等がきわめて実用的に記されており、村内の人々の参考となっている。

木賃宿銭一五〇文前後、たまに泊まる旅籠屋は二〇〇文から三〇〇文、江戸見物の案内料は二五〇文（一日）、一三〇文（夜だけ）であった。多摩川の六郷の渡しの舟賃は、一五文、相模川一六文、富士川三六文、安倍川は歩行渡しで二八文、悪名高い大井川の歩行渡しは川瀬二つ越しで一五六文であった。「高水には蓮台に乗。背負人は酒手ゆする処也」と注記されており、架橋が禁止されている東海道の旅のきびしさが伝えられている。

東海道は、江戸と京都・上方を結ぶ重要な街道であり、政治的、経済的、文化的に重要な役割を果したが、道中の案内の手引きの役割を果たした道中の記として、弥次さん、喜多さんに託して書かれた滑稽本『東海道中膝栗毛《とうかいどうちゅうひざくりげ》』（十返舎一九《じっぺんしゃいっく》作・画、一八〇二年）は大評判となった。

天保四年（一八三四年）、歌川広重による風景版画「東海道五十三次」（五五枚刷、保永堂刊）が制作され、推定三万部を超えて親しまれる。下級幕臣安藤広重は、浮世絵師歌川広重であり、八朔御馬献上の旅に参加した折、江戸・京都往復の道筋で新鮮な感動とともに写した下絵により制作に着手し、富士山を始めとする自然と街道の人事風俗が親密に呼応した名作であるとされる。

菱川師宣らにより創始され、風俗画、役者絵、美人画などと展開した浮世絵は、版画彩色の技法の発展により、錦絵（多色刷木版画）として描かれていたが、広重により旅愁をたたえた自然観照の抒情画として新しい世界を拓いたとされる。

道中ものは、江戸にとどまらざるを得ない人々にとっては、かりそめの遠遊であったとされ、東海道ものが多く刊行される。

第一〇章　幕末における変革の思想と道

一八世紀には、商品経済の浸透による武家の窮乏、農民の階層分化、商人層の経済力の向上など、幕藩体制と現実的な社会の発展変化との間の矛盾が次第に顕著となり、問題化する。享保の改革、田沼政治などの政治改革の対応もはかばかしくなく、幕藩体制の社会経済的基礎は解体しつつあった。

一九世紀に入ると、苛酷な貢租の取立てと商人経済の浸透による農民層の分解、商業高利貸資本や地主による武士や農民に対する蚕食、幕府諸藩の窮乏による財政的窮迫は、悪循環を繰り返し、危機は深刻化し、幕藩体制は国内的状況からも崩壊の方向へ向かう。

このような社会経済的状況に対応して、思想的状況も、動揺から変革へと大きく変化する。幕末の思潮の変化は、複雑であるが、本章においては、山中浩之氏「近世社会の動揺と思想の展開」「変革期の思想」（『日本思想史読本』一九九七年　東洋経済新報社刊）により、道に関わる思想をまとめることとしたい。

一　幕末動揺期における思想の展開

(1)　体制批判の思想により、宝暦事件、明和事件が起こる。

宝暦事件は、一七五九年、公家の間での儒学や神道を講義していた竹内式部（一七一二〜一七六七年）が、公家に軍学、武芸を教え、反幕府的行動をしたとの風評により追放された事件であるが、式部自身の思想は、天皇への忠誠を説くとともに、天皇、公家に為政者としての道徳的自覚を促し、将軍の「危き天下」が自然に天下之政統に返上されることを期待するものであったとされる。

明和事件は、一七六六年、江戸の塾において、儒学と兵学を講義していた山県大弐（一七二五〜一七六七年）が、幕府に謀反を企てていると密告され、死罪に処せられた事件であるが、大弐は『柳子新論』において、支配者層の苛政と庶民の困窮を指摘し、武家政治を排して、朝廷政治による統一的制度の必要性を説いたが、武力をもって国君を討つことが許されるとする儒学における放伐思想と朝廷政治への復帰とが結びつけられており、後の倒幕思想の先駆とされる。

(2)　安藤昌益《あんどうしょうえき》（一七〇三〜一七六二年）は、聖人が作為したとされる封建制度は、社会における身分の差別により労力の成果を収奪する社会制度であるとして批判し、このような「法世」から離れて、人がすべて「直耕」に従事し、自らの衣食を自給し、搾取されることのない「土活真」による統一調和の「自然世」を理想とした。

『稿本自然直営道』においては、「我道に争いなし。我は兵を語らず。」として、社会変革の実践には関心を示さず、八戸、大館などでの思想的活動に留まった。

(3) 洋学（蘭学）が思想的な影響力をもつようになるのは、西洋科学を断片的な知識としてではなく、理論と実用の統一された学問体系として捉えられるようになる『解体新書』の刊行（一七七四年）以後のことであるとされる。杉《すぎ》田《た》玄白《げんぱく》（一七三三〜一八一七年）は、前《まえ》野良沢《のりょうたく》、中川《なかがわ》淳庵《じゅんあん》とともに江戸小塚原の刑場で行われた人体解剖にのぞみ、蘭語解剖書『ターヘル・アナトミア』の正確さに感嘆し、四年の苦心を経て翻訳を行い、禁書令の厳しい制限下において、「我医道発明の為ならば敢えて苦しからず」と自ら決定し、覚悟を決めて公刊する。医学は、「実測窮理」へと飛躍し、科学的医療の道を確立する。

玄白は、「方（治術）ありて法（理論）なし」として、中華思想の批判、西洋夷狄感の克服を行い、儒学の権威についても、「道なるものは、支那の聖人の立つところにあらず、天地の道なり」として、西洋にも通ずる普遍的なるものとして、「道」が想定される。

(4) 在野の思想家、海保青陵《かいほせいりょう》（一七五五〜一八一七年）は、当時の社会をすでに商品経済の論理が動かしている社会であると客観視し、「ウリカイ」(売買) こそ「理」であるとする。

一体天地ハ理ヅメ也。ウリカイ利息ハ理ヅメ也。国ヲ富マシメントスルナラバ、理ニカヘルベキ也（『稽古談』)。

富国の要諦は、商品の流通過程から、富、利潤を獲得することだとし、売買においては公正と対等の形式的合理性が貫徹し、非合理的強制や道徳的感情は排除されるべきとする。

また、「君ハ臣ヲカイ、臣ハ君ヘウリテ、ウリカイ也」と君臣関係もウリカイの論理で捉え、功利的主体が互いに対立し合う社会を「覇道」の世とし、覇道の知術を駆使する人間は、「余程スルドキ男ノ才気ノ錐ノ様ニイライラスル程輝ク男デナケレバナラヌ」(『経済話』) としている。

(5) 一九世紀に入ると、外国航路の来航が頻繁となり、幕府は海防の態度を強め、一八二五年「無二念打払令」を出す。蘭学は、従来の医学や天文地理という実学だけでなく、国際的知識を得ることを主要な目的とすることとなる。一八三二年頃、渡辺華山《わたなべかざん》を中心に、高野長英《たかのちょうえい》（町医師）、小関三栄《こせきさんえい》（藩医）、江川太郎左衛門《えがわたろうざえもん》（代官）、川路聖謨《かわじとしあきら》、羽倉《はぐら》外記《げき》（幕臣）などにより、「尚歯会《しょうしかい》」が結成される。

一八三七年、アメリカ船「モリソン号」の来航に際し、華山は『慎機論』、長英は『夢物語』を書いて、西洋列強に対し力で対抗することは不可であると説き、蛮社の獄の弾圧を受け、蟄居、逃走、自殺している。

二　幕末変革期の思想と道

(1) 一八三七年、天保の飢饉による物資不足と物価暴騰の中、元大坂奉行与力で私塾・洗心洞の陽明学者、大塩平八郎（一七九三～一八三七年）は、「知行合一」の立場から幕府役人、特権商人に対する武装蜂起を民衆に呼びかける。日々の生活行為の遂行が良知と合致することを重視しており、「心太虚に帰すれば、則ち非常の事皆亦道なるを知る」とする。

(2) 平田篤胤《ひらたあつたね》（一七七六～一八四三年）は、本居宣長没後の門人であるが、死後の霊魂の行方について、黄泉《よみ》の国とは別の死後の霊魂の世界として、幽冥《ほのか》にして現世《うつしよ》とは隔たり見えないが、地上の生活圏と密接な「幽冥界」を独自に構築する。「現世の貧又幸なきも、真の殃にあらず、真の福の種なるが多かり。そは貧から幸なきが故に、罪をつくらず徳行を強め、幽世に入りて、その賞を受くればなり」（『古史伝』）と、現世における倫理的行為による救済論を形成する。

(3)　農民層の村落荒廃に対する主体的取組みに呼応する思想の展開が農学者たちを中心に見られる。二宮尊徳（一七八七〜一八五六年）は、

「人身あれば欲あるは即ち天理なり」とし、天理のみに従っていれば生活は困窮するとして、天理自然に生活を委ねず、自ら欲望を制限し、生活を規律化、計画化しながら、人間としての生活を成り立たしめるような人の道の実践としての「分度」を説く。分度の実践は、倹約、勤勉という通俗道徳的な形態をとりながら、人間主体としての自覚を呼び起こす可能性をもちえたとされる。

二宮尊徳は、小田原藩その他の領村荒廃の対応に成果を挙げ、その思想は報徳社運動として、継承されるが、他にも、大蔵永常《おおくらながつね》（豊後）、大原幽学《おおはらゆうがく》（下総）などの農学者の行動が伝えられる。

(4) 民衆意識の離反と欧米列強の圧力の現実化により、武士階級においても、幕藩体制の危機が明確に自覚化される。

水戸学においては、朱子学の修身治国平天下の為政者の徳から離れ、治国安民の政治的な実を挙げ、秩序を立て直し、民心を取り戻すことが説かれ、さらに、国内の危機を迫り来る対外的危機と結びつけ、全国家的意識を高め、動揺する秩序を補強する理論としての尊皇攘夷論を成立させる。

国体の永続性の「事実」によって、名分的秩序の不変性を強調し、外国を名分的秩序を知らない「夷狄」として、秩序を軍事力、通商、宗教により乱すものとして、攘夷が唱えられた。

民心離反の対応として、天皇を頂点とし、神社、氏神を系列化した忠孝一致、祭政一致の神道祭祀の体系の構想が作られ、水戸学は幕末の志士に大きな影響を与える。

(5) 水戸学の尊皇攘夷論の影響を強く受けた吉田松陰（一八三〇〜一八五九年）は、「天下は天朝の天下にして幕府の私有にあらず」「是の時に当り、普天率土の人如何で力を尽さざるべんけや。なほ本国他国を択ぶに暇あらんや」（『将及私言』）とし、国家的独立のためには、全封建支配者が割拠の体制を破り、結集されなければならないとする。

やがて究極的君臣関係は、天皇と国民との関係であり、忠誠の対象は天皇一人であるとする。「夷情を審にせずんば何ぞ夷を馭せん」（『幽因録』）としてアメリカへの密航を企てて失敗。出獄後、萩に「松下村塾」を開き、維新期における指導者を教えるが、安政の大獄において刑死する。

(6) 幕末の危機的状況において、朱子学者も新たな展開をする。

佐久間象山《さくましょうざん》（一八一一〜一八六四年）は、国防に関心を注ぎ、蘭学を学び、西洋科学技術の修得に努め、「格物窮理」の概念の変容と拡大により西洋の科学技術を包括しようとする。幕府の徴命により京都で開国と公武融和を画策するが、尊攘派に刺殺される。

横井小楠《よこいしょうなん》（一八〇九〜一八六九年）は、変動する歴史事態に理を究め、現実的経綸の基礎をたらしめようとする「格物之実学」を説いた。閉鎖的精神である「習気」を批判し、「三代の道」を民本主義的仁政の普遍的理念の指標とする。松平慶永政事総裁のブレーンとして公武合体に活躍し、のち、明治新政府の参与となるが、京都路上にて、刺殺される。

第一一章　明治維新における思想と道

一八世紀末からのロシアの極東への進出、イギリス、アメリカ、オランダの清国への接触などの状況に対応して、海防論が高まっていたが、一八五三年、アメリカの「黒船」を率いてのペリー来航、開国要求により大きな衝撃を受け、幕末の混乱を生ずる。

開国と攘夷、佐幕と勤皇を中心に尊皇攘夷論が奔騰し、公武合体から勤皇討幕へと時代の流れは変転する。

幕末から明治維新の流れは、さまざまに論じられるが、岡義武氏『近代日本の形成』（一九四七年　弘文堂刊）、田中彰氏『明治維新』（一九七六年　小学館刊）、山田洸氏「明治維新と文明開化」（『日本思想史読本』一九七九年　東洋経済新報社刊）などにより、明治維新における思想と道との関係について、その輪郭を探ることとしたい。

「明治維新」は、近代国家日本の形成の最初の過程であったと考えられる。

一　維新の新政の方針

新政府は、慶應四年（一八六八年）一月、布告を発し、攘夷鎖国の方針を排して、開国和親の建前を宣言し、世上に大きな衝撃を与えるが、新政府の基本的方針の声明は、三月に「五箇条の御誓文」の公布によって行われている。

(1)「五箇条の御誓文」は京都御所紫宸殿《ししんでん》において、天皇が神々に誓約する形で行われている。天神地祇《てんしんちぎ》を祭り、副総裁・三条実美《さんじょうさねとみ》が祭文を奏し、総裁・有栖川宮熾仁親王《ありすがわのみやたるひと》の染筆による誓文を奉読し、百官（七六七名）が奉答書に署名したとされる。

草案は、参議・福岡孝悌《ふくおかたかちか》（土佐藩士）、由利公正《ゆりこうせい》（越前藩士）、顧問・木戸孝允《きどたかよし》（長州藩士）の作成によるとされている。

一　広ク会議ヲ興シ万機公論ニ決スヘシ
一　上下心ヲ一ニシテ盛ニ経綸ヲ行フヘシ
一　官武一途庶民ニ至ル迄各其志ヲ遂ケ人心ヲシテ倦マサラシメン事ヲ要ス
一　旧来ノ陋習ヲ破リ天地ノ公道ニ基クヘシ
一　智識ヲ世界ニ求メ大ニ皇基ヲ振起スヘシ

我国未曾有ノ変革ヲ為ントシ、朕、躬ヲ以テ衆ニ先ンジ、天地神明ニ誓ヒ、大ニ斯国是ヲ定メ、万民保全ノ道ヲ立ントス。衆亦此趣ニ基キ、協心努力セヨ。

(2) 誓文の行われた翌日は、天皇親征による東征が発せられ、江戸城明け渡しの日であったが、最初の全国的な民衆対策として、太政官の「五榜の掲示」が、旧幕府の高札を撤去して行われた。

(一札)

一 人タルモノ五倫ノ道ヲ正シクスヘキ事

一 鰥寡孤独癈疾ノモノヲ憫ムヘキ事

一 人ヲ殺シ家ヲ焼キ財ヲ盗ム等ノ悪業アル間敷事

(二札) 徒党、強訴、逃散ノ禁止

(三札) 切支丹邪宗門ノ儀ハ堅ク御制禁タリ若不審ナル者有之ハ其筋ノ役所へ可申出御褒美可被下事

(四札) 外国人ニ危害ヲ加ヘル事ノ禁止

(五札) 士民ノ本国脱走ノ禁止

第四札を除き、旧幕府の高札を継承したものが多いが、第五札は明治四年に取り除かれ、明治六年には全札不掲示となった。

(3) 新政府による維新の具体的な方針の骨格は、次のように考えられる。

① 天皇親政

天皇の親政は、明治二年における「版（土地）籍（人民）奉還」、明治四年における「廃藩置県」において、具体化される。

旧藩主は版籍奉還後、藩知事として藩政を行っていたが、詔勅による大規模な分割併合である廃藩置県に伴い、東京へ移り、県政は中央より任命される県知事（県令）により行われることとなる。

中央の官制は、たびたび改められるが、その人事面での実態は、次第に薩長二藩の下級武士出身で、維新での功績のあった人々に集中し、公卿、諸侯、他藩出身者は脱落して、藩閥政治との批判を生じ、各地における内乱や激しい自由民権運動の原因となったとされる。

② 四民平等

版籍奉還とともに、幕藩体制における士農工商の身分職分制度は撤廃され、「四民平等」のもとでの皇族、華族、士族、平民に単純化される。

通婚、営業、居住の自由が認められ、田畑勝手作、土地売買禁止の解除の措置が行われる。

徴兵令（明治六年）、教育令（明治一二年）などにより、兵役、教育、納税の国民の義務が具体化される。

③ 万機公論

「広ク会議ヲ興シ万機公論ニ決スヘシ」は、諸侯会議を想定した「諸侯」を「広ク」に改めたものと伝えられるが、慶應四年四月に発布された「政体書」においては、中央組織としての太政官とともに立法機関としての議政官（上・下二局）が設けられ、たびたび改められたが新政府における官制の確立とともに、万機公論の機構や機能は、次第に衰退する。

④ 開国と文明開化

誓文第四の「天地ノ公道ニ基クヘシ」、第五の「智識ヲ世界ニ求メ大ニ皇基ヲ振起スヘシ」によるものとして、国際的な法律制度や欧米的文物の摂取のため、明治四年に欧米使節団（大使・岩倉具視《いわくらともみ》右大臣）が派遣される。条約国への国書の奉呈、文物の見聞、条約改正の商議が目的とされ、アメリカ、イギリス、フランス、ベルギー、オランダ、ドイツ、ロシア、スウェーデン、イタリア、スイスなどを歴訪し、近代国家の形成の基盤となる法律制度、産業振興を学んでいる。
文明開化の風潮により、電信、郵便、鉄道、乗合馬車、ガス燈が導入され、断髪、洋服など風俗、習慣も大きな変化を生じた。紡績、製鉄、製紙などが近代的産業として育成される。

二　新政府の基本的方針における思想と道

新政府の基本的方針においては、道の語に関わりをもつ三つの思想が介在しているものと考えられる。天皇親政における祭政一致の神道思想、国民道徳における五倫を中心とする儒教思想、天地の公道とされた国際法、文明開化の思想である。

(1)　明治維新においては、天皇が天地神明に誓った形式や、「億兆安撫の宸翰」における「神州の危急・保全」に見られるように、神道、神国の思想が重要な意義をもっている。大宝令にならい、神祇を司る神祇官を太政官の上に設け、祭政一致の神道のもとに、八神、天神地祇、皇霊を招いての天皇親祭や持統天皇以来の伊勢神宮参拝が行われた。

慶應四年、仏教との習合、混淆状態にあった神道の純粋化を図るため、「神仏判然令」が布告され、神社から仏教的なるものが撤去されることとなったが、全国各地において激しい廃仏毀釈《はいぶつきしゃく》の運動が起こる。

明治二年には、「大教宣布《だいきょうせんぷ》の詔《みことのり》」が出される。大教は、習合神道（神、儒、仏）の体系から天皇と神との関係を取り出し、天皇崇拝を核とした神道の国教化を図ろうとするものであり、国学者、神官の存在や、後期水戸学や国学系の神道イデオロギーの影響があったとされる。

明治四年、神社制度が置かれ、「神社ノ儀ハ国家ノ宗祀ニシテ一人一家ノ私有ニ非ズ」として、全国の神社の国家・皇室中心の再編成、神官の任命制を実施し、伊勢神宮を頂点とする国家神道が確立され、また、祭祀の儀礼をもとに祝祭日が制定された。

神道国教化の動きは、神道内部の対立、仏教側の反撃、キリシタン弾圧の失敗などにより、挫折する。

神社は宗教ではなく、祭祀のみ行うとする「祭祀と宗教の分離」が行われ、国家神道体制が拓かれ、天皇神格化につながったとされている。

(2)「五榜の掲示」第一札においては、「人タルモノ五倫ノ道ヲ正シクスベキコト」とし、幕府体制以来の全国的民衆対策としての「五倫」－君臣の義、父子の親、夫婦の別、兄弟の序、朋友の信－の儒教思想が継承される。

身分職分の制度は撤廃され、四民平等の下に通婚、居住、財産保有、営業の自由が確保され、兵役、教育、納税の義務が課される国民となったが、天皇制の下における国民道徳として儒教の五倫が人の道とされ、君臣の義が強調される。

(3) 誓文第四の「旧来ノ陋習ヲ破リ天地ノ公道ニ基クヘシ」は、木戸孝允により加えられたとされているが、岡義武氏は「陋習」は「攘夷」を、「天地の公道」は「国際法」を意味するものとする。木戸孝允は岩倉欧米使節団において、大久保利通、伊藤博文とともに、プロイセン出身のドイツ宰相・ビスマルクの招宴における弁説に感動し、暗示を得たと伝えられており、日本の近代国家としての法制の形成、憲法の制定などに影響を与えたとされる。

文明開化の思潮の中での「天地の公道」とは何か。何を意味したのか、さまざまな論議が考えられる。

第一二章　天地の公道と国際法

明治維新における五箇条の誓文に示されている「天地の公道」の語は、開国の方針を新政府が明らかにした慶応四年（一八六八年）一月一五日の布告における「宇内の公法」と同じく、万国公法、国際法を意味するものと考えられている。

江戸幕藩体制の間は、鎖国の方針が堅持されて、他国との間には公の関係はなく、民間の交通は禁止され、清国、オランダとの限られた国交関係に限定されていたが、一八四〇年代以降の西洋諸国の東洋への進出に伴い、開国和親や通商の要求が強くなり、開国の方針が執られ、国際法が受け入れられる。

明治維新における国際法受け入れの状況について、横田喜三郎氏「国際法の成立」「国際法と日本」（『国際法学』昭和三〇年　有斐閣刊）などにより、近代国家日本の形成の過程と合わせて考察することにする。

一　国際法の成立

国際法は、諸国間の法として諸国間の合意に基づいて成立するものであり、平等な地位に立つ国家が多数存在し、相当に頻繁な交際があることが前提となっており、近世のヨーロッパにおける主権国家の成立とともに行われるようになったとされる。

前史的な国際法として、同じ文化を持つ都市国家社会ギリシャにおいて、開戦宣言、軍使不可侵、捕虜の交換、身代金釈放、仲裁裁判の規則が認められており、また、ローマ帝国においては、友好条約のある場合には外国人とその財産が保護を受ける万民法が成立するが、従属民族に対しては、ローマの規則によるもので、平等で相互を拘束する観念による国際法ではなかった。

中世のヨーロッパにおいては、王と諸侯が対立抗争して戦闘の絶え間なく、戦争は非常に残酷なものであり、法王や司教が仲裁を試み、稀に成功することがあった。

一五世紀から一六世紀にかけて、ヨーロッパでは多くの主権的国家が形成され、平等な立場で交際も頻繁に行われ、国際法の必要性は高まり、

①　ローマ法学者、寺院法学者の法の研究

② 航海・通商の慣習を集めた海上法規集の編集（コンソラトー・デル・マーレ）
③ 法王だけでなく諸侯による使節の交換
④ 文芸復興による古代文化とキリスト教精神の復活、宗教改革による国家に対する法王の精神的支配権の否定などの思想的状況の変化
⑤ 永久平和計画の提案（サンピエール、カント）
などの諸要素が、国際法の成立に大きな影響を与えたとされる。

近代主権国家における交際に関する規則を研究し、法として諸国を拘束することを説いたのは、オランダに生まれたグロデュース（一五八三～一六四五年）である。一六二五年『戦争と平和の法』を公刊して、正当な戦争はあるかを主題とし、戦争のただ一つの正当な理由は、権利の侵害であるとして予防賠償、制裁、終了のための条約について論じている。

グロデュースは、人はその同胞とともに平穏に秩序ある社会に生活しようとする社会性と有益なるものと有害なものとを区別する判断力を持ち、この社会性と判断力は、人間固有の天性であり、人の天性の法「自然法」を生ずるとし、この自然法は、神が存在しないと仮定してもなお存在する法であり、個人の間だけでなく、国家の間にも存在し、戦争の時においい

ても、自然が命令し諸国が合意した法は有効であるとしている。
一七世紀から一八世紀にかけて、自然法学派、自然法と実定法の均衡を考えるグロデュース学派、実定法学派に分かれたが、イギリスのズーチ（一五九〇〜一六六〇年）などにより実定法を重視する方向へ向かう。

一九世紀以降において、国際法の基本事項として、国家の主権と平等、公海の自由、中立制度が挙げられ、自然法、慣習法の時代から実定法の時代に推移するが、国際会議においても、国際法の体系、条項、適用が論議され、発展する。

① ナポレオン戦争を終結させるためのウィーン会議（一八一四〜一八一五年）において、スイスの中立についての法律制度、ヨーロッパの国際河川の自由航行の原則、外交使節の階級と席次に関する規則、奴隷売買の禁止について定められた。

② クリミア戦争終結に関するパリ会議（一八五六年）では、戦時における海上捕獲に関する四原則、トルコ（非キリスト教文明国）の参加の承認、黒海の中立が定められた。

③ ロシアの発議により二回にわたりオランダで開かれたハーグ平和会議（一八九九年及び一九〇七年）では、軍備の制限と紛争の平和的処理方法の研究（第一回）、戦時国際

法の成文化（第二回）が論議され、第二回の会議には四四ヵ国から三〇〇人が参加した。

諸会議のほか、国際紛争裁判についての仲裁裁判条約が各国の批准を経て、一八八九年に成立している。

二　日本の開国と国際法

日本は、明治維新における開国により、国際法の適用を受け、国際法団体の一員となり、正式な外交関係を生じたとされる。

幕藩体制下の一八五四年アメリカとの間で和親条約（神奈川条約）が調印され、次いでイギリス、ロシア、オランダとの間で同様に締結される。

一八五八年には、アメリカとの間で友好通商条約が結ばれ、オランダ、ロシア、イギリス、フランスとの間に同様な条約が締結される。

一八六八年、明治新政府は開国に関する布告を発して、外国交際の儀は宇内の公法をもって行うとして開国を内外に明確にし、外国の公使が初めて天皇に面接した。

幕末に締結された条約は、諸国との間で裁判権や徴税権について重要な制限を受ける不平等条約であり、平等の関係についての特殊な取扱いである領事裁判権と自主課税権の問題については、その解消のため、新政府の外交上の最重要課題として、長年にわたり努力が行われる。

五箇条の誓文における「天地の公道」は、天と地の、世界の公に通ずる道理とされ、世界共通の法理、国際的な国家の法的規範と考えられていたものと思われる。

幕藩体制における国際法への関心は高く、一八六五年、中国にいたアメリカ人ウィリアム・マーチンが、ホィートン著である「エレメント・オブ・インターナショナル・ロー」を翻訳、公刊した『万国公法』が、幕府の開成所において出版され、オランダのフィセリングの講義が西周助によって翻訳されている。

幕末の日本に対して条約の締結を強く求めた西洋諸国の国際法の思想は、近世のヨーロッパ諸国を中心に成立し、発展しつつあった段階のものであり、和親条約、通商条約の締結された一八五八年前後は、パリ会議（一八五六年）において、戦時捕獲の原則、非キリスト教文化国の参加、黒海の自由が論じられた頃であり、国際法は、その内容、適用において、初期の発達段階のものであった。

同じ条項において「旧来の陋習」とされる「攘夷」は外国を打ち払う、外国を排斥することを意味するが、「夷」は、中国人が自らを中華の民と称し、その文化の恩恵を被らない異民族を、東夷《とうい》、西戎《せいじゅう》、南蛮《なんばん》、北狄《ほくてき》、と蔑視したことに由来するとされ、「えびす」は古くは荒くれ武者の意に用いられている。

江戸幕府が締結した不平等条約は、相手方の軍事力を背景とした強力な要請に屈したものであるが、領事裁判制度については、野蛮な異民族を裁くことはしないとする幕僚の認識があったのではとの見解もある。

三　大日本帝国憲法の制定と近代化

維新後の旧武士層等の不満による内乱や激しい自由民権運動の高まりとの対立を経て、一八八八年「大日本帝国憲法」が発布される。

この憲法は、ドイツ連邦東北部のプロイセン憲法をモデルとした君権的性格の強い欽定憲法であり、天皇主権のもとに国民の権利義務が定められている。

エドウィン・ライシャワー氏は、当時の西洋列強の進出を弱肉強食の国際社会と指摘するが、「富国強兵」を旨とする絶対君主制国家としての近代主権国家日本の形態が整えられ、国際的信用は向上する。

一八九六年、領事裁判権の廃止、外国民居留地の日本市区への編入、固定税率の適用による自主関税権の回復が行われ、日本は他の諸国と同様に平等な立場に立つ国際社会の一員となる。

二〇世紀における国際関係は、二度の世界大戦を軸に、国際連盟、国際連合、国際司法裁判所などの国際機構が設置され、戦時国際法、国際的紛争の処置、人権の国際的保障、集団的安全保障、国際人道法などの多くの問題が多数の国家の参加により、世界的問題として論議され、調整されるようになったが、深刻な混迷も続いている。

四　開国と公道

「公道」には、「おおやけの作った道路」の意味があるが、幕末の道路は、政治的、社会的混乱のなかで、公道としての管理に重大な障害を受ける。尊皇攘夷と佐幕開国の思想対立抗争、政治的権能の交替のなかで、争闘・殺傷が多発し、要人、外国人が路上において刺殺され、長州戦争、親王東征、西南の役などの内乱により、戦没、戦傷の悲劇が生じ、各地の道路も損壊など多大な被害を生じている。

外国人の殺傷事件は、条約締結後の外国人の往来に対して、攘夷思想により生じたものが多く、外国人の憤激の原因となり、国際的信用の著しい低下の原因となり、外交交渉の重大な障害要因となった。

このような風潮に対し、幕府も開港にあたって混乱回避のための措置を講じている。横浜開港にあたっては、当初予定された神奈川が人馬雑踏の東海道の宿駅であるため、尊王攘夷派の暴行を怖れ、一寒村である横浜を具体的な開港場として提案したが、諸外国公使は反対して紛糾し、外国商人の横浜が港湾として優れているとの主張により、諸外国が譲歩した経緯が残されている。

兵庫開港にあたっては、西海道の上下通行との間の混乱を回避するため、六甲山中に迂回路が急造されたが、慶喜追討・攘夷の備前岡山藩士団が、本道の通行を強行して、衝突・殺傷事件を起こし、外国の軍隊が神戸を占領する事件が生じている。

地元で「徳川道」と呼ばれる迂回路は、幕府代官の要請により、地元の庄屋を中心に緊迫した努力により、一年足らずで造られたものであったが、その努力は稔らず、土地の取得や築造などに要した費用は支払われることなく、明治中期の判決まで及ぶ訴訟が生じている。

五箇条の誓文第四項は、維新において、長州藩志士桂小五郎として活躍した参議木戸孝允が原案を変更して挿入したものと伝えられている。

「天地ノ公道ニ基クベシ」は、攘夷から開国への急激な外交方針の変更を、新政府として内外に明確にする意図を持つ言葉であるが、「世界一般に通ずる道理」としての国際法への依拠は、西洋諸国的な主権国家形成への展望であったのか、また二〇世紀以降に見られる世界的規模の国際社会への期待であったのか、のちに新政府の確立、大日本帝国憲法の制定などに尽力し、近代日本の形成に重要な足跡を残した明治維新の元勲とされる人の言葉である。

次章以下において、外国における道と思想を「古代ローマ帝国の道」「シルクロード」「アメリカ合衆国建国の道」として辿ってみることとする。

第一三章　古代ローマ帝国の道

前五世紀、諸民族が移動し、対立抗争するなかで、ローマに興起したラテン人は、イタリアを中心に地中海世界を統合し、軍団による進出と属州支配により版図を広げて、最盛期である二世紀には、西はスペイン、南は北アフリカ、北はイギリス、東はイランからインドに及ぶローマ帝国が樹立される。

一、〇〇〇年にわたるローマの政体は、君主政、共和政、元首政、専制君主政と変遷するが、帝国としての興亡は、道路網を基礎とする軍事的支配と法による統治により特色付けられており、ローマの道、ローマ法として伝えられている。

帝国の歴史において重要な役割を果たした古代ローマの道については、古来さまざまに研究され、論じられているが、秀村欣二氏「古典古代世界」(『西洋史概説』一九五八年　東京大学出版会刊)、ヘルマン・シュライバー氏『古代ローマへの道』(関楠生氏訳、一九八九年　河出書房新社刊)、藤原武氏『ローマの道の物語』(一九八五年　原書房刊) などにより、アプローチを試みることとしたい。

一　ローマ帝国の興亡

初期のローマは、七代の王により統治されたと伝承されるが、前六世紀末ごろ、ローマの貴族は、支配されていたエトルリア人の王を追放して共和政を布いた。

共和政ローマの初期の市民は、貴族（パトリキ）、平民（プレベス）、貴族の被護民により成り、政務は任期一年の二名のコンサルにより、立法は元老院と民会より行われたが、貴族の政治的経済的地位は卓越し、平民との通婚を絶ち、祭事と政事を独占した。

前五世紀、平民による軍事的組織の聖山での闘争により、護民官を議長とする平民会の設置、最初の成文法「十二表法」の公布、通婚の承認、大土地所有の制限、市民の債務奴隷化の禁止などにより、貴族、平民間の不平等は解消する。

平民のうち、一定以上の財産を有し、政官、武官などを経験した有力少数の騎士層は、貴族と結合して新貴族ノビリスを形成し、親戚、友誼、恩顧などによるいくつかの党派を形成して、互いに政治的勢力を競った。

ノビリス支配下のローマは、エトルリア人、サムニウム人、南イタリアのギリシャ植民市を征服し、軍事基地である植民市を要地に置き、征服した諸都市と種々差別ある条約を結び、またこれらの都市の貴族と結んで「分割して統治」した。

さらに、フェニキア人が北アフリカに建設したカルタゴと三回百数十年にわたってポエニ戦争を戦い、アルプス越えによりローマに侵攻したハンニバルを制して勝利し、マケドニア、ギリシャ、シリアなどを併合し、全地中海はローマの内海と化した。

ローマは広大な領土を、軍事的には外壁、経済的には富の源、政治的には首都ローマに奉仕する属州として統治、管理した。

属州においては、総督は任期中において財を成し、騎士は商業、徴税請負業、高利貸業により住民を搾取した。

対外戦争に功績の高い自営農民層は、戦没、債務により困窮し、パンとサーカスを要求する離農遊民と化した。海外奴隷を使役して、牧畜と果樹栽培が行われたが、待遇は苛酷で数万人に及ぶ反乱が起きている。

外患の続発に手を焼いた平民派マリウスにより、無産市民を職業軍人として国防の危機を救い、退役後に土地を与える兵制改革が行われた。有力な将軍は、クリエンテラとして私兵化し、属州においても育成し、軍事と政治に勢力を得て、武断政治が抬頭する。

二回にわたる三頭政治において、平民派のカエサルは、ガリア遠征などにより征服の領土を拡大し、閥族派ポンペイウスをギリシャに撃破して凱旋し、終身独裁官などの要職を一身に集めて、無産市民のための植民市新設、徴税請負制度の廃止、太陽暦の採用を行ったが、元老院議員ブルトゥサルらに暗殺される。（共和政）

カエサルの甥で養子のオクタヴィアヌスは、東方ヘレニズム世界に拠ったカエサルの部下アントニウスとエジプトの女王クレオパトラの連合軍に勝利し、前三〇年、イタリアと属州に平和（パックス・ロマーナ）をもたらし、インペアトル（国軍司令官）など財政の官職のほとんどを与えられて、アウグストゥス（神的尊厳性）を具えた元首・ローマ第一の市民とされる。ローマは共和政に代わって元首政となり、官制、軍制は元老院議員、騎士、平民の血統と財産による身分を基礎として整備される。上級への昇進の機会は開かれたが、奴隷解放については制限的であった。

アウグストゥスの死後、歴代の元首は、元老院と調和を欠き、無能、独裁、暴君、恐喝などの悪政を行ったとされるが、高齢の元老院議員ネルウァが推戴されて元首となり、元老院と協調し、有能・徳望の養子を起用して、二世紀初めから五賢帝時代が現出する。

トラヤヌス、ハドリアヌスなどの歴代の元首は財政改革で簡潔な私生活を営む反面、公共事業を興し、救貧、孤児扶養施設を拡充した。

帝国の領域は若干拡大し、ブリタニアを属州とし、ダキア、パルティアを破り、トラヤヌス帝の時、ローマ帝国最大の版図を現出した。この時期は、地中海世界の平和と道路網の拡充により、経済的発展も最高の段階に達したとされる。

農業、工業では属州各地の経済的発展が著しく、イタリアの中心的地位を凌駕し、経済の遠心的傾向が生じた。奴隷労働の非生産性が認められ、自由民、解放奴隷、奴隷の小作制が普及し、大土地所有も発展した。

商業は、帝国内の広汎な交易の他に、紅海、インド洋を経由する貿易も行われ、アラビアの香料、インドの宝石、シナの絹が珍重され、アフリカ奥地の金と象牙、中央アジアとロシアの毛皮、スカンジナビアの琥珀なども輸入されたが、奢侈品貿易の性格が強く、輸入超過となり、金銀は流出した。(元首政)

三世紀に至って、軍人皇帝下の軍隊の横暴、土地の荒廃による中産階級の没落、農民反乱の頻発、ゲルマンなどの侵入、騎士身分の抬頭、元老院の衰退などの現象を生じ、帝国は解体の危機に瀕し、解放奴隷の子ディオクレティアヌス帝、コンスタンティヌス大帝により、行政、司法、軍事の権威の根源としての専制君主と帝国内の住民をすべての臣民とする専制君主制が樹立される。

行政、徴税、裁判などを行う文官官僚と辺境防衛軍、野戦軍の軍隊を整備し、収益と労働力を結合した現物税などを強化、身分・職業の固定、小作農民のコロヌス制を推進した。

東西に分割し、四頭政治が行われ、三三〇年に首都を移転してコンスタンティノポリスとしたが、三九五年東西に分裂する。

東帝国は六世紀ビザンティン帝国に移行し、西帝国はゲルマン諸族の侵入により皇帝は廃止され、八世紀にはフランク王国が樹立されて、専制君主政のローマ帝国は解体され、滅亡する。（専制君主政）

二　ヘレニズム・ローマ文化

ヘレニズム・ローマ文化は、ポリス的古典ギリシャ文化の系譜を引きながら、アレクサンドロス帝国、ローマ帝国の時代を通じて、ポリス（都市国家）と民族を超えたコスモポリタン的特色を有しているとされる。

ローマは、素朴な農民文化から、エトルリア人、ギリシャ人の先進の影響を受け、ポエニ戦争以降の東方進出によりヘレニズム化され、ヘレニズム・ローマ文化が成立した。

さらに、オリエント・地中海周辺の諸民族文化との交渉により多様化し、東方地域はギリシャ語、西方地域はラテン語という言語文化を古代末期まで継続し、世界帝国の世界文化として、ローマに発生した世界宗教となるキリスト教と密接な関連を有するようになる。


土木、建築はローマにおいて著しく進歩し、首都や属州諸都市において公共建築物が数多く作られ、エトルリア人から学んだアーチが巧みに利用されている。

ウィトルウィスの『建築書』が残され、神殿・劇場のほか、水道・闘牛場・公共浴場・凱旋門などの建造物の遺跡が辺境にも残存し、四通発達の道路とともに、ローマ帝国の政治的・文化的浸透力が現れているとされる。

ローマの法律は、当初は一般古代法に比較して特に優れたものではなかったが、貴族、平民の闘争過程において、ギリシャ法などの影響を受けて、農民的家族中心の形式的厳格主義に則った市民法が形成され、最初の成文法である『十二表法』が定められ、法の適用も解釈によって拡充された。

ローマが地中海世界に進出し、世界商業を営むようになると、自由円滑な取引を旨とする個人主義的・無方式の契約が出現し、市民、外人を通じて適用される万民法が形成され、法学者の法理的、実際的な意見をもとに補充、改廃が訴訟を担当する法務官により行われた。

元首政期には、万民法はギリシャ哲学に由来する自然法と結合して完成し、二一二年カラカラ帝により帝国内の全市民にローマの市民権が与えられ、市民法、万民法の対立はなくなった。

二世紀中頃から、法学者が立法活動に参画して法学隆盛時代が現出し、法典の編纂が行われ、四四八年のテオドシウス法典は、ユスティニアヌス法典（ローマ法大全）の重要な法源とされ、ゲルマン諸国家の立法に大きな影響を与える。


ローマでは、象徴としての「運命の女神」崇拝が行われ、統合した地域では宗教に対して寛大であり、信教は自由であり、オリエントの密儀宗教も伝来していた。

キリスト教は、ヘレニズム・ローマ社会の異質の存在であったユダヤ人の間から発生し、非形体的で実態を把握しがたいところから、信仰生活に著しい誤解が生じ、数々の迫害や組織的な弾圧が行われ、多くの殉教者を出したが、かえって信者が増えて信教の自由が認められ、テオドシウス一世の治世には、帝国の国教となり、他の宗教は異教として禁止された。

キリスト教の教理は異教、異端との対決の過程において展開が著しく、ビザンツ文化を背景として、東ローマ帝国の中心としての主知的、思弁的、ギリシャ的なコンスタンティノープル教会とローマ文化を背景とし、素朴、平明、現実的主義のローマ教会は次第に対立した。八世紀の聖像崇拝禁止令を機会に分裂、ローマ教会はフランク王国との連携をもとに、中世西欧における唯一の教会として独自の発展を遂げ、東方では、ビザンティン帝国にギリシャ正教会が形成される。

三 「ローマの道」の道路網

古代ローマ帝国により、首都ローマを中心に作られた広大な道路網は、ローマ帝国の軍事・統治・通商・交流に重要な機能を果たしたが、その規模は二世紀、コンスティヌス帝が公共事業として道路の整備を図った最盛時において、帝国の領土六七〇万㎞に対して、二九万㎞、幹線道路は三七二路線、八六、〇〇〇㎞に及んだとされる。

ローマの道は、ローマ帝国が地中海世界における古代の諸種族の対立抗争の中で、その版図を拡げるにあたっての軍事的戦略によって築造されたものであるが、この方式は共和政初期の前三一二年、ケンソル（監察官）のアッピウス・クラウディスが元老院を説得し、エト

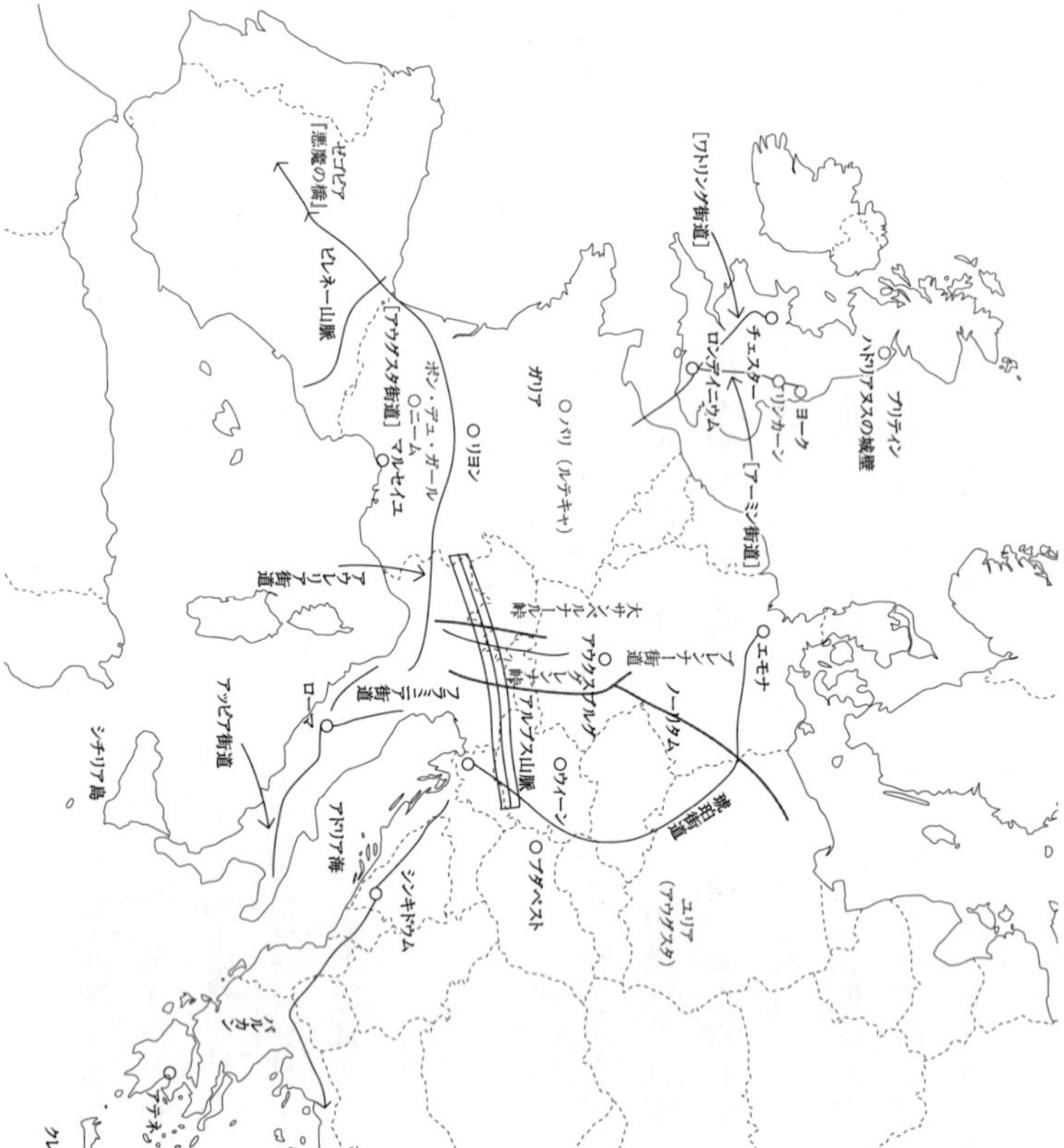

ブリテイン
ハドリアヌスの城壁
ヨーク
リンカーン
チェスター
ロンディニウム
[ワトリング街道]
[アーミン街道]
ガリア
パリ（ルテチア）
リヨン
ポン・デュ・ガール
ニーム
マルセイユ
[アウグスタ街道]
ピレネー山脈
セゴビア「悪魔の橋」
アウレリア街道
アッピア街道
ローマ
シチリア島
フラミニア街道
アドリア海
大サンベルナール峠
アウクスブルグ
ブレンナー峠
ブレンナー街道
アルプス山脈
エモナ
ノーリクム
琥珀街道
ウィーン
ブダペスト
エリア（アウグスタ）
シンギドゥム
バルカン
アテネ
クレタ島
イスタンブール
黒海
イスラエル

ルリア人の技術を継承活用して、ローマ〜カプア間二〇〇㎞の「アッピア街道」が造られ、戦勝したことが創始とされる。

その後、二〇〇年にわたるサムニテス戦争において、アウレリア街道、フラミニア街道などの軍事用道路の機能が活用されて、イタリア半島が統一され、ローマ中心の道路網を軸に分割統治が行われる。

前五九年、コンスル（執政官）のユリウス・カエサルはガリア遠征を行い、部族＝バキが対立抗争するガリア（フランスなどの地域）を征服する。アウグストゥスの名将である総督マルクス・アグリッパにより、アウグスタ街道、ドミティア街道に加えて、リヨンを中心とする道路網が整備され、これを基盤に退役軍人などにより植民都市が建設される。

前一九年、アウグストゥスが北方のカンタブリア地方に住むケルト・イタリアの諸種族を征服して、長年のイベリア半島の抗争を収拾し、ローマからピレネー山脈を越えて、イベリア半島に至るアウグスタ街道が完成する。乾燥した暑い平野に、エメリダ、アウグスタを中心とした道路網が作られ、鉱物資源が産出され、植民都市が形成され、アーチ技術を活用した橋が築造される。

一二三年、ハドリアヌス帝は、ロンディニウム（現在のロンドン）に駐在して、スコットランドとイングランドの境界にビクト人に対抗するハドリアヌスの城壁を築き、三世紀に及ぶ属州ブリタニアの基礎が築かれる。ドーバー海峡からロンドンを経て、チェスターに至るワトリング街道、ロンドンからリンカーン、ヨークに至るアーミン街道などの幹線道路や軍団基地・城塞都市が築かれる。

イタリア半島の北にそびえるアルプス山脈（最高峰：モンブラン（四、八一〇m））は、イタリア半島をヨーロッパから区切る天然の城壁であり、アルプス地帯に住むラティア人、フェルウティ族、キンブリー族などの山岳民族は好戦的で、古道を通る商人や旅人には山賊として怖れられていた。前一六年、アウグストゥス帝は、ガリアに長期滞在して不服従種族を平定し、低地を貫く河谷道路網が整備される。アウグスタ、ウィンデリウム（現在のドイツ・アウグスブルク）の都市が造られ、南ゲルマンとの交易が一手に行われるようになった。二世紀には大改修が行われ、ブレンナー街道として、ローマ帝国の大動脈となる。

前二八〇年頃、ローマに抵抗なく降伏したケルト・ローマ協調のノーリクム（オーストリア）は、ローマの友人として戦い、国造りが行われた、アドリア海のアクレイアからユリ・アルプスを越え、パンノニア平野を通り、ドナウ川に達する道は改修、延長されてスカンジナビア半島からの琥珀などを運ぶ大通商路となり、琥珀街道と呼ばれた。琥珀貿易の街・エモナ、温泉都市・ブダペスト、ワインの森・ウィーン、鎌や武器づくりのピースティング河谷などが、ローマの道の街道筋に隆盛し、人々の交通で賑わった。

バルカン半島においては、アルプス山脈から半島を貫通し、黒海に注ぐドナウ川の舟運が交通の中心であり、ローマの道は古来のエグナティア街道と、シンキドウム（サンクトペテルブルク）からビザンティンに至る大軍事道路の二本であるとされている。この大軍事道路は距離が長く、未開発であったバルカン半島は、征服された種族と入植した新来の種族との民族共同体となり、ローマの老兵や移住した下層民を加えてローマ化され、ロマンス語で名付けられた一連の集落が生じ、二世紀には軍人皇帝グラディウスにより、大駐屯地、武器製造庫として、植民都市ナイスッスが形成されている。

「すべての道は、ローマに通ず」は、ローマの道を誇らかに語る言葉と解されるが、その中心は首都ローマであり、フォロ・ロマーノ（ローマの広場）である。

フォロ・ロマーノは、前六世紀頃から造られ、凱旋門、聖道（ヴィア・サクラ）、神殿、集会場、演壇などの石造構築物が並び、ローマ帝国の中核であった。外征に勝利した将軍が軍勢と共に捕虜、戦利品を積んだ車を従えて華やかに行進し、市民の歓呼に応えた場所であり、属州支配などの政治的討議が元老院や民会の議員によって行われた場所であり、グラックスやカエサルなどの改革者、英雄が刺殺された場所であった。

ローマの道路網は、時代、地域により変遷するが、帝国形成のための軍事、統治の道路、内外の交易、文化交流のための道路として重要な役割を果たした。

四　ローマの道づくり

ローマの道づくりの主体は、軍団（レギオ）である。

ローマの軍制は、前五世紀、土地を所有する農民の徴兵制により、重装備の歩兵を主体とする集団戦闘体制の軍団が編成された。

鎧兜に身を固め、楯と投鎗と腰剣で武装した歩兵は、ゆるやかな陣形から命令により千変万化して、密集体形により敵軍に圧勝することが多く、農民として土地を守り、祖国に忠誠を誓い、自費で武装した農民の兵は強固であったとされる。

前二世紀、ローマの軍制はコンスル、マリウスにより傭兵制へと改められる。

地中海世界の制覇後、自営農民は戦没、債務により没落、離農し、祖国への忠誠心が薄れ、国防力は低下していたが、これを憂えたマリウスは将軍が無産農民を傭い、武装と訓練を施し、退役後に土地を分配して、土地所有農民とすることとした。

軍団の国防意識と能力は向上し、属州統治のためにも有効であったが、将軍の私兵化し、政治的抗争、その後の軍人皇帝の専権的支配などの現象が生じる原因となったとされる。

三〇軍団四〇万人の軍団は、平時においては道路、軍営、城壁を築く作業に従事した。道づくりの計画、設計、施工命令はすべての軍団の工兵隊長のオフィスから出され、道路計画と工事費積算の実務者と施工のベテラン技術者がおり、独自の兵科ケントゥリア・アッケソルム・ウェラトルムの数百年にわたる伝統が生きていた。施工の労働力は兵士によったが、大工事では奴隷や土地の人々が雇用された。兵士は百人隊に分かれ、厳しい労働に耐え、早く良い仕事と褒美を争ったとされる。

ローマの道づくり技術の特色について、藤原武氏は次のように分析する。
① 路面の水平と排水のための盛土道（アップゲル）、側溝（フォッサ）
② 主要幹線の石畳舗装と切石
③ 湿地帯における土手道、丸太道
④ 断崖を切り取った岩道
⑤ 材料の主役「石」とボソラーナ（火山灰）を使ったモルタル技術

⑥　運搬技術としてのクレーン、測量技術としてのグローマ

などであるが、最高の技術はアーチ橋で、南フランス・ニームの「ポン・デュ・ガール」、スペインの古都セゴビアの「悪魔の橋」などの属州のローマ橋は、今も美しい姿を残し、高度の橋梁技術を伝えている。

これらの道路技術は、建築物などと同じくエジプト人、ギリシャ人、エトルリア人に学んだものが多く、ローマ人特有の優れた応用的思考により、技術の集団化、実用化が行われており、ローマ道路の特色である「真っ直ぐな道」を目標にしつつも、地形や風土に合わせて適応する現実的合理性とともに、ローマ人の優れた特性であるとされる。

ローマの道づくりは、共和制初期においては国庫に収納される税や富裕層の寄附金を財源として、騎士層によって構成される公共事業請負組合によって施工された。

マリウスの兵制改革後においては、道づくりの財源は軍団の費用化され、国庫及び将軍の費用から支出されたものと見られている。

ローマの道は、「バイ・ザ・アーミー　フォー・ザ・アーミー」と評されるが、軍隊の撤退、帝国の衰退により管理が行われず、新たな担い手により改築されたものを除き、古道や遺跡となってゆく。

五　ローマの道の諸相

前掲参考文献には、ローマの道の諸相についての文献、遺跡が紹介されている。

①　一世紀のローマの伝記作家プルタルコスは、『プルターク英雄伝』において、ボビリア街道を建設した革命家護民官ゲイウス・ブラックス（前一五三～一二二年）の道路政策を次のように賞讃する。

特に道路の建設になによりの心を砕き、実益とともに快適さと美観にも意を用いた。すなわち、その道路は曲がらずにまっすぐ地方を走り、ある部分は切りととのえられた石で舗装され、また、ある部分は砂をまいて固めて厚く覆われた。また、窪みは埋めたてられ、急流でけずりとられたところや裂け目には橋がかけられ、道の両側の高さが均一にしかも平行させられたので、工事は全体にわたって一様で美しい外観を呈した。それに加えて、どの道路もローママイルをもって分かち、マイルストンを建てた。

②　アッピア街道第七九番目のマイルストンには、トラヤヌス帝（在位九八～一一七年）の道づくりを讃えて、

祖国の父、ベネウェントウムからブルンデジウムへの道を彼自身の費用で建設した。

とラテン語で刻まれており、同様の道路建設者への讃辞、顕彰のマイルストンは各地に残されている。

③　アッピア街道の近くに解放奴隷の子として生まれた詩人ホテティウスは、『セルモネ』において、街道筋におけるごろつき水夫、巾着切りの客、強欲な宿の亭主、尻軽ないたずら女、買溜める利口な旅人たちの生態を諷刺風に歌っている。

街道には、盗賊が横行し、アッピア街道は三世紀に二年間、盗賊の首領フェリックス・ブラと六〇〇名の手下に支配され、ガリアからスペインに向かう道も、アルベンガの街を本拠とする二、〇〇〇人の武装兵を擁した盗賊団に塞がれていたと伝えられている。

④　ハドリアヌス帝は、旅好きの皇帝で、在位二一年のうち一二年間を巡察の旅と蛮族との戦いに明けくれていたとされるが、気候風土や民族の違いに溶け込み、艱難辛苦に耐え、唯一の贅沢は極上の馬車や馬であり、次のように述べている。

わたしはわが国の道路を隅から隅まで知り尽くしているが、この道路こそはおそらくローマが大地に与えた最大の贈り物であろう。

ローマ皇帝の通常の旅は、大がかりな旅行団で宿泊設備を携行した。テント、箪笥、調理道具、寝具、食卓用品などを持ち、随員、従者、メイド、料理人などが随行した。皇帝ネロの妃、才色兼備のポッペパエアの旅は、曳き馬に金の馬具を付け、乳で入浴のため五〇〇頭の牝ロバを連れていたと伝えられる。

裕福な商人、外交員たちは、立派な宿泊所に泊り、上等の食事を楽しみ、遠くにいる妻の代理を務める女性に助けられており、世間通のギリシャ人ストラボンは推薦できる旅館を知らせている。

⑤ 三三三年ボルドーからエルサレムに至る巡礼の旅の一旅行者の記録には、旅の延長は大軍事道路を含め六七〇ローマ・マイル（約一、〇〇〇キロ）で、三一のマンジオネース（宿泊施設、家畜小屋、飼料貯蔵所つきの休憩所）、四三のムタティオネース（乗用車、荷馬を換えることができる）が分配配置されていると伝えられている。

⑥ 二世紀タキトウスは、『年代記』において「ローマ軍に対するトリノバンテース族の反乱は、役人、将軍の横暴、退役老兵の奢侈が原因である。」と述べている。

五世紀には、アキーノ・トレヴェリヤンが、ザクセン人の海から川伝いの侵入に対して、ローマ軍の救援道路は、役割を果たせず、

このザクセン戦士たちが重い戦利品、その分だけ武装を軽くして、舗装道路を進んで行

く様子が目に見えてくるようだ。彼らは笑いながら自分の仕合わせを楽しんでいるようだ。道路のわき木々のうしろに、ローマの別荘が見える。やがて火の手が上がる。として、ローマ軍の撤退の様子を描いている。

六　ローマの道と思想

ローマの道を彩る思想は、ローマ帝国が地中海世界からヨーロッパ大陸に拡大する過程における軍事的統治的支配のローマの法の思想とローマの道づくりにおける応用的思考と現実的合理的な適応性による技術の思想であり、ローマの道によりラテン文明圏が形成され、変遷を重ねつつ一、〇〇〇年を超える歴史を有することとなる。

属州に興ったキリスト教は、さまざまな経緯を経て、帝国の宗教と定められ、他は異教とされ、さらに皇帝権能と結び、分裂して、中世以降のキリスト教に移行する。

新約聖書においては、

　わたしは道であり、真理であり、命である。だれも私に寄らないでは、父のみもとに行くことはできない（『ヨハネによる福音書』）

とキリスト（救世主）を父（神）への道として説いている。

第一四章　東西交流のシルクロード

アジア大陸とヨーロッパ大陸が陸続きするユーラシア大陸とその周辺において、紀元前二五〇〇年頃から、世界最古の文明とされるエジプト、メソポタミア、インド、中国の四大文明が器具や文字の時代を迎えて興起する。東西に遠く離れた文明が陸路により交流するためには、世界最高峰ヒマラヤ山脈付近の気象条件の厳しい険路を越さなければならなかった。天山山脈、崑崙山脈に挟まれたタクラマカン砂漠の周辺には、オアシス群があり、古くから地元住民による通り路があり、やがてオアシス都市群の発展とともに西域北道、西域南道による天山南路が拓かれた。

自然の厳しい風雪、特にタクラマカン砂漠特有の砂嵐に耐えるためには、人馬一体の集団の編成とオアシスに連在する都市による水、食糧、休養のサポートが必要であり、トンファン（敦煌）、ローラン（楼蘭）、ニヤ、ホータン（于闐）、ヤルカンド、カシュガルなどの都市が生まれ、王国が興亡して、やがて西域地方は東西文明の交流の要衝として重要な役割を果たすことになる。

一　東西文明圏の接触と交易

東西文明圏交流の端緒は、前二世紀の漢王朝の張騫《ちょうけん》による「鑿役《さくくう》の功」とされる中央アジア旅行と言われる。張騫は、中央集権体制を確立した武帝の命により、前一三九年匈奴に捕らえられながら、大月氏国（サマルカンド）、大苑国（フェルガーナ）、安息国（パルティア）に、さらに一三一年烏孫国（イリ地方）に達し、これにより中国側に西域地方の存在が知られ、西域側も中国における大国の王朝の存在を知ったとされる。

前一〇三年、李広利《りこうり》に率いられた漢の大軍は、大苑国に遠征し、草原の騎馬民族を圧倒するとともに「天馬」とされるアラブ種汗血馬三千余頭を得て、「公道」（後漢書）が拓かれ、中国と西域の交易が開始される。

西域からは玉などの宝石、ガラス、香料、中国からは、絹や黄金がもたらされ、西域地方は「胡」と呼ばれる。

前五三年、カスピ海東南部のパルティア（安息国）は、ローマ帝国の第一回三頭政治の雄、グラックスの軍と戦い、非勢のなか、太陽の下に絹の旗を掲げて敵を敗走せしめる。やがて軽やかで柔らかく透明な織物は、ローマ人の珍重することとなり、貴婦人のみならず男女貴賤の渇望により、パルティアは絹の原産地や産出方法、価格を秘した中継貿易により巨利を得たという。「シナの絹」は、かなり長くローマ帝国にもたらされ、西域地方の陸路は、絹の通商路としても繁栄したことから、一九世紀に地理学者リヒトホーフェンにより、いわゆるシルクロードの語が定着する。

二　仏教の東伝　訳経と求法

前五世紀のインドにおいて、ゴーダマ・ブッダが仏教を開創したが、前一世紀にはクシャナ王朝のカニシカ王が仏教を保護し、第四回の結集《けつじゅう》、仏塔の建立を行い、大乗仏教が興隆する。

ガンダーラ地方においては、ヘレニズム文化の影響を受け、絵画、彫刻によりブッダの像が制作され、ガンダーラ様式として発展する。

大乗仏教とガンダーラ芸術は、パミール高原を越えて西域地方に達し、オアシス都市には寺院が建てられ、修行僧が居住して仏教が隆昌するが、さらに中国へ伝えられる。

一～二世紀頃の中国おいて、仏教は次第に弘通《ぐつう》し、西域人による教典の漢訳や、中国人による求法の旅が西域を通じて行われた。

安息国の太子安世高《あんせいこう》の原始教典、大月氏国の僧支婁迦讖《しるかせん》の大乗教典、敦煌の人竺法護《じくほうご》の『正法華経』などの訳出が行われ、道安《どうあん》、慧遠《えおん》などにより義解仏教が盛んになった四世紀には、亀茲《きじ》国王族の出身の鳩摩羅什《くまらじゅう》により長安において『座禅三昧経』『阿弥陀経』『中論』など三五部二九四巻が訳出されている。

中国人による求法の旅は、二六〇年中国人最初の受戒者朱子行《しゅしこう》が、ホータンで『大般若経』を入手して弟子に持ち帰らせたのを初めてとするが、多くの人々は困難に耐えて、西域や天竺に求法に旅立ち、ほとんどの人が危険や病苦のため立ち帰り、命を落とした。

四世紀半ば、高齢の法顕《ほっけん》は戒律を求めて西域南道を経て天竺に達し、マガタ国に三年間滞在して重要な戒律を書写し、南海航路を経て帰国し、戒律を漢訳した。紀行文『仏国記』には、西域や天竺の仏教興隆の様子とともに砂漠行の苦難が語られている。

六二九年、唐人僧玄奘《げんじょう》は阿毘達磨《あびだるま》論や唯識《ゆいしき》学を学ぶため密かに長安を発し、西域北道を経て中印度のナーランダに達し、戒賢《かいけん》に瑜伽《ゆが》、唯識《ゆいしき》、倶舎《くしゃ》を研学し、仏像、仏舎利とともに経論律六五七部を得、西域南道を経て、一七年ぶりに帰朝した。唐の太宗の建立による翻経院において将来した経典類の漢訳を行った。『大唐西域記』には、西域における仏教王国の様子や砂漠行の苦難が述べられている。

三　盛唐の長安と西域

七世紀を中心に唐は交易や朝貢により栄え、盛唐の時代を迎える。都長安は東の文明の拠点となり、人口二〇〇万人、外国人は歓迎され、トルコ、イラン、アラビア、インド、マライ、朝鮮、日本などの人々五、〇〇〇人が居り、商人、宝石商、伝道師、巡礼者、踊り子、奇術師、芸人など多彩な人々が集まった。

シルクロードを経由した異国情緒豊かな香水、ブドウ酒、香辛料、絨毯などの品々や孔雀、鸚鵡、隼、ライオン、駱駝などが移入されている。

イラン系胡人のゾロアスター教（拝父教、祆教）、ネストリウス派キリスト教（景教）、バビロニアの善悪二元論マニ（摩尼）教も西域を通じて長安に伝えられている。

四世紀の半ば、漢族の張氏により敦煌に石窟が造営され、沙門楽尊らにより莫高窟の起源となった。敦煌の地は政変が激しかったが、宋、元の時代まで営造が続けられ、六〇〇の石窟に塑像二、四〇〇体、壁画四五、〇〇〇㎡に及び、千仏洞と呼ばれる。

四　東方の見聞

一三世紀、イタリア・ベニスの商人の子マルコ・ポーロは、父兄弟とともに、地中海のベニスから、西域南道を経て元朝の首府大都（北京）に至り、一七年間フビライカーンの臣として重用され、南海航路を経て帰着する二六年間の大旅行を行い、帰国後に『東方見聞録』を残している。愛宕松男氏訳『東方見聞録』（昭和四五年刊　東洋文庫）によれば、マルコ・ポーロは、地中海の奢侈《しゃし》貿易の商人であり、元王朝の宮廷の臣であり、キリスト教徒であったが、中国滞在中を含め旅行における見聞を、各地の風土、住民、生産、通商、慣習、宗教などにわたり詳細に述べている。

マルコ・ポーロは、南海航路が戦乱により危険であるため、シルクロードを経由したが、西域南道の沿道の様子について次のように記述している。

○チャルチャン地方（漢代の且末国）

大トウルスキー国の一部をなす肥沃な地域であったが、タタール人がすっかり荒らしてしまった。住民はイスラーム教徒である。首府はチャルチャンといい、数条の大河がこの国を貫流しており、河源から碧玉、玉髄が押し流されてくる。質が良く量も多く、商人はカタイ国に販売して多大な利益を上げる。この地方一帯が砂原でコータンからベム、チャルチャンまでは砂漠の連続である。水質はいったいに悪く苦みを帯びるが、所々に味の良い清水がある。敵軍が国内を通過するような事態でも、住民は妻子、家畜を連れて二、三日行程の彼らだけが知っている奥地へ逃げ込み、風が足跡をあとかたもなく砂で被い、見えなくなる。穀物は砂漠中の洞窟に貯蔵し、秘匿して、外敵の徴発からも対価を払わない味方からも守る…。

○ロプ市（楼蘭）

ロプ市は、ロプ砂漠と称する大砂漠の周辺にある大都市でカーンの属領、住民はイスラーム教徒である。この砂漠を横断しようとする人々は、この町で一週間逗留し、家畜及び自身の英気を養い、人畜の食料を携帯して砂漠のなかに進発する。広大な砂漠で約一年の行程、幅の狭いところで一ヵ月の行程である。山と砂と谷ばかりで、食物はなく常に丸一昼夜の騎行を続けなければ水は得られない。泉地は二八ヵ所、おおむね水質は良い。夜間この砂漠を横断中眠り込んだり、一行に追いつこうとしていると、多数の精霊が仲間のように話しかけてきたり、名を呼んだりする。旅人は、往々これに惑わされ、あらぬ方向に誘い込まれ、姿を見せなくなったり、命を落としたりする。精霊たちの声は昼でも聞こえて

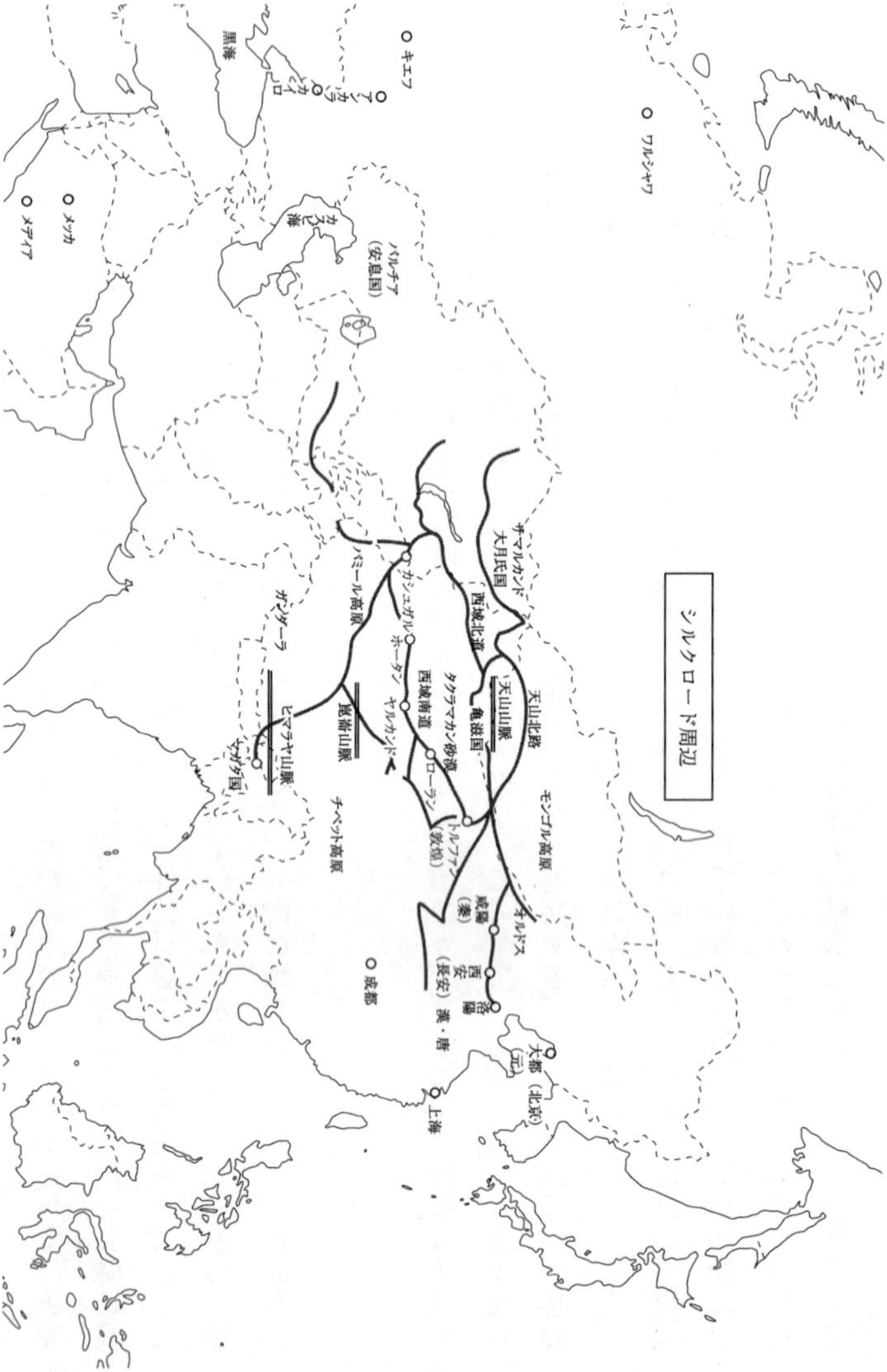
シルクロード周辺
ワルシャワ
キエフ
アンカラ
カイロ
黒海
メッカ
メディア
カスピ海
パルチア（安息国）
サマルカンド
大月氏国
西域北道
天山北路
天山山脈
亀滋国
モンゴル高原
タクラマカン砂漠
西域南道
カシュガル
ホータン
ヤルカンド
ローラン
トルファン
（敦煌）
パミール高原
崑崙山脈
ガンダーラ
ヒマラヤ山脈
マガダ国
チベット高原
オルドス
咸陽（秦）
西安（長安）
洛陽
漢・唐
成都
大都（北京）（元）
上海

くるし、楽器、太鼓の音を耳にする。精霊に惑わされないようにウマの頸にも鈴をつける。水源の枯渇するオアシス都市の衰退とイスラーム化の浸透した元王朝統治下の西域地方とシルクロードの様子が、砂嵐特有の精霊現象の伝承とともに、伝えられている。

五　西欧各国による遺跡調査

一九世紀末、列強と呼ばれる西欧等の諸国による調査により、砂の下に眠っていたシルクロードの遺跡が発見、発掘され、自然の驚異として注目を浴びる。財宝探しの人々が砂嵐や凍雪のなかに命を落としているという噂が絶えなかったが、探検家や学者が過酷な自然条件に耐えつつ、タクラマカン砂漠の自然と文物の秘密に挑んだのである。

一九〇〇年、スウェーデンの若き探検家、地理学者へディンは、楼蘭王国の遺跡を発掘し、貨幣、絹織物とともに、漢文書を発見する。

イギリスの考古学者でインド総督府のスタインは、一九〇八年、敦煌莫高窟《ばっこうくつ》千仏洞の秘宝、古文書、仏画、経典類九、〇〇〇点を大英博物館に将来する。次いで、ドイツのルコック調査隊は千仏洞の壁画などを、フランスのペリオ調査隊は千仏洞から漢文、チベット教典、文書などを、アメリカのウオーナーは千仏洞から壁画、塑像を、日本の大谷探検隊は写経、仏画などをそれぞれに将来している。

これらの文化的遺産の取扱いについて、剝ぎ取り、持ち去りなどの批判が文化財保護の立場から強いが、文献研究の立場からは木簡、金泥が出土しており、貴重な発掘であったと評価される。

六　シルクロードと思想

シルクロードは、東西文明圏の交流の道であり、基本に他の文明に対する関心、摂取などの交流の思想があったと考えられる。

長い東西文明圏の交流の歴史においては、世界宗教となった仏教、キリスト教、イスラム教が、西域を通じて伝播され、西域も政治状況により宗教文化圏域に同化した。交流基盤としてのシルクロードや西域も歴史とともに変遷を重ねる。

現在舗装もされているロードを通じて、最高峰の自然のもとに多くの研究者や旅行者が集まるが、張騫、法顕、玄奘、マルコ・ポーロ、ヘディンたちの「困難な自然的、社会的条件に耐え、克服し、死の危険をもかえりみず、未知なるものを探究する精神と行動」が悲劇性と浪漫性を帯び、多くの人々に感動を与えていると思われる。

第一五章　アメリカ合衆国建国の道

一七八三年、アメリカにおけるイギリス植民地が独立してアメリカ合衆国を建国し、その後二世紀余り、アメリカ合衆国は、政治的、経済的、社会的、文化的に発展を続け、現代の国際社会において巨大国として極めて重要な位置を占めている。

アメリカ合衆国の急速な発展には、道路が重要な役割を果たしているが、本章においては、秀村欣二氏『西洋史概説』（一九五八年　東京大学出版会刊）、アメリカ連邦交通省道路局編、別所正彦氏・河合恭平氏訳『アメリカ道路史』（一九八一年　原書房刊）、阿部齊氏「アメリカ合衆国の成立と発展」（一九九九年　自由国民社刊『国際情勢ベーシックシリーズ』）などにより、アメリカ合衆国建国における道と思想について考察することとしたい。

一五～一六世紀、大西洋に面したヨーロッパ諸国によりインド航路とアメリカ大陸が発見され、「東方」及び「新大陸」への進出が活発化する。大洋航海に長じたイスパニア、ポルトガルにより商業資本活動が世界的規模に拡大され、オランダ、イギリス、フランスにより植民地経営が盛んとなる。植民地経営により、各地の産物を集散する貿易だけでなく、新大陸における金銀鉱開発やタバコ、砂糖、綿花などの農業経営が拡大し、労働力確保のためのアフリカ黒人の奴隷取引が行われる。

一　ニューイングランドの道路

植民地経営は、本国の工業用品の販路として、工業原料の供給地として重要な意味をもっていたため、諸国の間に植民地の獲得、維持のため軍事力を背景に厳しい敵対関係が生じており、アメリカ大陸においては、一七〜一八世紀に、本国の商工業と植民地貿易が結合していたイギリスとフランスが激しく対立する。

イギリスは、北アメリカに処女王エリザベスにちなむバージニアを拓いたが、やがてイギリス国教を拒んで迫害を受けた清教徒《ピューリタン》たちが信仰と政治の自由を求めて、多数北米に移り、ニューイングランドが拓かれ、さらにオランダと海上の覇権をめぐって争い、ニューアムステルダムを奪ってニューヨークとし、一八世紀には東部一三州の植民地が形成される。

フランスは、セントローレンス河を遡ってカナダに地歩を占め、ミシシッピ河流域にルイ一四世にちなむルイジアナを拓いていた。

イギリスとフランスは、一七五六年に始まる七年戦争に次いで、アメリカ大陸においても激突し、イギリスはケベックやモントリオールを陥れて仏領カナダを奪い、一七六三年のパリ和約において、フランスからカナダ及びミシシッピ河以東のフランス領を、イスパニアからフロリダを得、イギリスのアメリカ大陸における植民地経営は急速に発展する。

ニューイングランドの当時の交通路は水路で、河川や沿岸水域による交易や旅が多く、道路は内域に伸びていたが、路面が砂利や採石で固められたり、側溝が設けられている道路は僅かで、石や切り株を取り除いたり、ひどい凹凸がならされた程度のものが多く、融雪期や開拓地では車道は通れず人馬専用となった。橋も少なく渡し舟か浅瀬の徒歩であった。山中はさらに厳しく、一七七五年開拓の先駆者ダニエル・ブーンが、カンバーランド峡谷（ケンタッキー州）を抜ける「荒野の道」を開き、一〇〇年も利用され、偉業を讃えられる。

道路は未整備であったが、植民地政府による郵便業務が運営されており、一七五〇年には定期乗合馬車が走っている。

ニューイングランドの植民地の法律では、道路の建設、維持補修は町または郡で行うこととされており、町の役員が公道、私道、農道、橋のすべての維持管理を担当し、通行の障害の排除、資材（石・砂）の採取、一六歳以上の住民への工事の指示を行った。

各地域において住民に道路作業を賦課し、資金を納めさせる権限を地方自治体に与えており、賦役労働は各植民地や各州にとって長年にわたり道路作業の重要な労働源となった。

民間からの寄附金、住民からの献金、沿道地主への賦課金、公営くじの売上金が道路事業に充てられているが、恒常的でなかった。

二　独立革命と合衆国の建国

七年戦争において決定的優位を占めたイギリスは、戦費のため財政が逼迫し、植民地における規制の強化、賦課の増大を図ったが、植民地は本国への依存を必要とせず対立は不可避となった。

植民地においては、自営農民が成長し、造船、木材、魚類加工などの工業も発展していたが、本国の商工業保護のため、鉄鉱業、帽子製造業、皮革工業、紡績業が禁じられており、さらに戦費調達のための印紙税は反対により見送られたが、茶の輸入税が課せられた。

本国への反抗は急進派を中心に急速に高まり、ボストン港閉鎖事件、強制的諸法の発布などを機に、一七七四年第一回大陸会議において植民地住民の基本権の確認と本国への通商の断絶を決議し、独立戦争が勃発する。

一七七六年の大陸会議において、トーマス・ジェファーソンの起草する独立宣言を公布し、人間は皆平等であり、生命、自由、幸福の人権を有し、政府の樹立は人民の権利であるとすることを宣言した。

独立戦争は、革命軍に不利な状況が続いたが、一七八一年アメリカ・フランス連合軍がヨークタウンで英軍を徹底的に撃破し、一七八三年、パリ条約において、独立の承認とともに、北は五大湖とセントローレンス河、西はミシシッピ河、南はジョージアの南境を国境として合衆国の領土を承認した。

独立宣言とともに、各邦《ステート》は邦憲法と連合規約を採択し、連合の名称をアメリカ合衆国としていたが、財政・外交などにおける連邦権力の強化のため、一七八七年憲法会議により合衆国憲法が制定された。

この憲法は、各邦の憲法を参考とし、妥協的とされるが、市民的民主主義の原理に貫かれている。各邦の独立国としての性格を改めて連邦内の各州とし、各州憲法は、合衆国憲法に拘束されることになる。中央政府は三権分立の理論に基づいて組織し、連邦議会（上・下両院）に法律制定、租税徴収、軍隊募集の権限を与え、行政権能は任期四年の大統領に委任し、司法権の優越的地位を定めている。

革命軍の司令官ジョージ・ワシントンが初代大統領に選ばれ、一三州より成る連邦国家が発足し、各社会層の対立、各州の不統一、財政上、外交上の困難も多かったが、これらを克服し一九世紀には、アメリカ合衆国としての新しい発展の道を歩むこととなる。

三　アメリカ合衆国の発展と道路

一九世紀において、アメリカ合衆国の領土は急速に拡大され、発展の基礎が築かれる。一八一二年、米英戦争によりヨーロッパとの貿易が絶えて経済的に自立し、一八一二年ルイジアナ（フランス）、一八一四年フロリダ（イスパニア）、一八五〇年カリフォルニア（メキシコ）、一八五九年オレゴン（イギリス）などを買収・併合し、カリフォルニアでの金鉱の発見もあり、西部を中心にフロンティア開拓が開始される。

新大陸発見の時、北米の先住民は約一〇〇万人と推計されているが、一〇〇をくだらない部族に分かれ生活単位を異にし、土地の共同所有・共同利用、独自の言語、慣習、独特の政治制度、宗教儀式をもっていたとされる。先住民と移住者の間には、友好関係と敵対関係が交錯し、条約を結び、土地を有償で手に入れる方式が基本とされたが、先住民に認められる土地は、遠く離れた不便なところが多く、協定が守られないこともあり、混乱が生じ、戦闘も行われ、西部などの開拓は先住民の受難であったとされる。

一八六五年、黒人奴隷制の維持をめぐって南部六州は「アメリカ連邦」を樹立し、南北戦争が行われるが、北軍の勝利により奴隷制は廃止される。

西部の農業は、移民の増大、自営農の振興策により発展し、小麦の生産量は世界一となる。一八六九年の大陸横断鉄道の完成により膨大な鉱産資源が東北部の工業生産地帯に結びつき、産業資本は西部に進出し、アメリカの資本主義は飛躍的に発展する。

一八八〇年代には、エネルギー源としての電気、石油利用による生産機能・交通機能の技術的変革が行われ、農業国から工業国へ転換するが、企業合同による巨大企業の成立、大資本の出現が著しく、反トラスト運動が起こり、労働運動では一八八六年、アメリカ総同盟が結成される。

国外に市場を求め、アラスカ買収、ハワイ併合をはじめ、キューバ、フィリピンなどの帝国主義的植民地の獲得に乗り出す。

アメリカ合衆国の発展の過程において道路の整備は重要な役割を果たす。

独立戦争の後、一七八七年頃から商取引が盛んとなり、大都市近辺を中心に道路の交通は急速に増えるが、主要幹線に民間資金を導入して道路を建設し、通行料収入で運営する「タウンパイク会社」の設立運営が行われる。

最初のタウンパイク事業とされる「ランカスター道路」（フィラデルフィア州、延長一〇〇km）の認可（一七九三年）にあたっては、幅員一五mのほか、柵、路面、勾配などの構造基準が定められており、通行料（馬車マイル当たり二セント半〜五セント）の業績も順調で、数年後には利益の認可限度一五％に達している。

道路の築造、管理の技術は進歩し、配水と地盤を考慮したトレザゲ工法、治山による荷重支持を重視するマカダム理論が活用され、専門の技術者、労働者、業者により工事が実施されている。

タウンパイクは、東部の都市間交通路から西部の未開地へ向かい、アメリカ全土に拡がり開拓地は増え、農産物の輸送費は下がり、産業が発展する基礎となる。

一八五〇年代に鉄路に蒸気機関車が導入されて、大量、高速の貨物輸送による鉄道の全盛期を迎え、タウンパイクの貨物馬車、駅馬車による輸送は衰退し、路線の廃止や公道への引継ぎが行われる。

農村道路は、新設された公有地州では、公衆への売却地一マイル平方の区画地ごとに両側の地主の寄附による幅二〇mの道路として作られ、固定資産税、人頭税、賦役により管理されたが、勾配、配水、泥土など多くの課題が生じていた。

都市の繁栄には、石炭、原料、水、食料品などの円滑な物流が不可欠だが、大型鉄輪馬車（自重三t、一〇t積み）の走行のため舗装は頑丈に作られ、ニューヨークのブロードウェイでは一五㎝のコンクリート基礎に花崗岩を張っており、アスファルト舗装は騒音が少なく掃除が楽なので、一般化する。

アメリカ合衆国憲法のもとでは、道路の整備・管理は内政であり、州や地方自治体の業務であると考えられていたが、連邦と州の間に課題が生じ、措置が講ぜられている。

① 新州に対する土地の売却益の交付

西部のフロンティア開発にあたって、オハイオ川北部、西部の諸州では未開の土地が殆んどであり、合衆国の所有とされたことから、土地の売却益の一部を公共の費用として州に交付することが行われ、州の道路には三％、州外に達する道路には二％程度が充当されている。

② ナショナル道路の構想

一八〇七年、ギラティン財務長官により「対外的自由と経済の発展のための国家的交通計画」が提案されている。一八〇六年、初のナショナル道路「カンバーランド道路」が作られるが、維持管理費用のため、州際の有料道路に改められる。

③　軍事用道路の建設

一八〇三年、インディアンの通り道を使って陸軍により対スペインを想定した軍事用道路が作られ、続いてナショナルビルからニューオリンズに至る本格的軍事道路が密林を切り開いた土の道として作られる。

一八八〇年までに陸軍が建設した軍用馬車道路は、ロッキー山脈越えの「ミューラン道路」など、従来道路の補修を含めて一〇〇本以上、ほとんどが准州内の各地に作られ、延長三三、〇〇〇㎞に達している。荒削りの粗末な構造のものであったが、開拓の通路として用いられ、開拓民のほか、鉱山師、馬、牛、ラバが通行した。

四　自動車文明とハイウェイ

一八八三年のシカゴ万博に、ドイツのカール・ベンツが水冷式内燃装置による電気点火装置、デフ、気化器、変速ギアボックスなどを備えた四輪車を出品した。また、アメリカにおいても、軽くて強いバナジウム合金鋼が製造されると、フォード社が大量生産と流れ作業による組み立て生産方式を設計して、「T型フォード」を世に送り出し、二〇世紀のアメリカ自動車時代の幕が開く。

ぜいたく品とされた自動車の普及に対し、農村部を中心に道路の損壊などを理由に、忌避や敬遠の風潮が生じ、自動車を法で規制するための登録制が採用され、年一、〇〇〇ドルの登録料、自動車の財産税、地域内を通過する自動車の車輪税が州により課される。

両大洋を山越えで結ぶハイウェイ、州と州を結ぶ長距離州際道路の必要性が説かれ、一九一三年には、リンカーン・ハイウェイ協会がニューヨーク〜シカゴ〜サンフランシスコ間五、〇七〇㎞の構想を発表した。

第三回道路会議（一九一三年）においては、連邦道路法をめぐって、「アメリカを知ろう」とする旅行用道路《ツーリングロード》派と、輸送費を切り下げて生活を楽にしようとする業務用道路《ビジネスロード》派が対立し、また、道路は町、鉄道駅から農園に向けて、放射状に走る総合的体系が望ましいとするなど、論議が行われた。

一九一六年のシャクルフォルド法案は、州が建設して維持する郵便道路に二分の一の連邦補助が初めて行われたものであるが、道路構造の恒久性と需要への適合性などが採択基準となっている。

一九一四年に作られた全米道路台帳によれば、道路総延長三九三万㎞、土道以上に改良された延長四一万㎞、瀝青《れきせい》マカダムやコンクリートの表層のあるもの五万㎞とされている。

一九二〇年代には、自動車の保有台数は、月賦制度と中古車市場で二、六五〇万台（一九二九年）に達し、州は連邦補助道路網の九〇％にあたる二七〇万㎞に横断勾配、排水工を施し、ハイウェイ時代が始まる。

大都市の交通渋滞に対応し、信号の開発、交差点改良が行われ、交通規制は強化されるが、交通事故は急増し、一九二九年には死者三万一、二二二名と、一三年間で三倍となっている。

ガソリン税が、一九一九年オレゴン州において初めて課税されたが、一九二九年には全国で四億三、〇二〇万ドルに達し、道路整備財源の担い手は、土地所有者から道路利用者に移ってゆく。

一九二〇年代は、ハイウェイの時代とされ、資材、燃料の消費も増え、自動車産業、観光産業、大規模公共事業を中心に好景気に沸いた。

五　大戦と大恐慌

一九一七年、ドイツの無制限潜水艦戦の宣告により国交を断絶し、国際正義と人道を名として、対独宣戦を布告し、ヨーロッパに対する孤立主義を捨てて大軍を派遣し、軍需品の供給、財政の援助を行い、連合国側の勝利の原動力となった。

参戦により軍事力の強化が必要となったアメリカ合衆国は、一〇〇万陸軍（当時二〇万弱）への増強を目指して徴兵制を布き、軍需物資輸送のため、鉄道会社の統制による施設統合・合理化や規格化された軍用トラック三万台の発注が行われた。

軍用トラックは、多大な成果を挙げたが、凍結に強い長距離自動車交通の必要性、重量に耐えるコンクリート舗装の有用性が実証されており、戦後、道路工事に使える車両、部品が州政府に引き渡されている。

戦時中、トラックによる農産物の郵便小包制度が開始され、近距離での野菜、ミルクのトラック輸送が増大する。


一九二九年一〇月二四日、ニューヨーク証券取引所で株価の大暴落が起こり、金融の閉塞、物価崩落、生産の激減などの現象が起こり、工場の閉鎖、失業の増大を生じた。

繁栄を誇っていたアメリカ経済の恐慌は、大戦後、アメリカ資本の流入の著しかったヨーロッパなどの他の資本主義国に連鎖反応を起こし、「世界恐慌」に拡大した。資本主義国の工業生産は半減し、物価は三分の一に低落し、失業者は三、五〇〇万人〜五、〇〇〇万人と推定されている。

一九三三年、フランクリン・ルーズベルト大統領により、統制による産業復興を図る「ニューディール政策」が行われる。経済の各部門において産業の組織化を図り、価格水準及び信用を回復し、最低賃金の確保、社会保障制度の確立、農村の補償により、大衆購買力を増進し、景気を回復しようとするものであり、テネシー流域に大規模な開発事業（TVA（テネシー川流域開発公社））が行われた。労働者の団結を認め、労働組合が組織された。

建築業界は二年前から不景気であったが、一九二九年に急落し、鉄鋼、セメント、木材などの産業は減産体制に入り、自動車産業は五三三万台の記録的生産を行っていたが、販売台数は減り、以降減産する。

深刻なデフレの中で、道路建設は景気回復策としての公共事業の増加、繰り上げ実施、都市街路、第二級道路の拡大があり、盛んであった。

道路関係諸税、特にガソリン税の収入は順調に推移し、一九三四年には一億六、四〇〇万ドルに達し、その流用が全国に及び、抑止が論議された。連邦議会は、「自動車輸送から上がる税収が道路の建設・改良・維持に充当されていないのは、不公平かつ不当であって、一九三五年以降、ハイウェイ事業に対する連邦補助は、州の自動車登録手数料、ガソリン税などをその目的に支出している州にのみ与える」と宣言し、二州が補助を止められ、以後の流用は止まったとされる。

六　第二次世界大戦とアメリカの道路

アメリカ合衆国においては、孤立主義の思想が有力であり、一九三五年の中立法以来、交戦国への武器、軍需品の輸出品は禁止されていたが、ヨーロッパ戦争後は英仏側に武器援助の道を開き、フランス降伏後は臨戦態勢が取られ、国家非常事態宣言が行われる。東南アジアへの進駐を行った日本に対し、在米資産の凍結、石油禁輸を行い、日米開戦となり、一九四二年、連合国が大西洋憲章に同意して第二次世界大戦が勃発する。

道路の整備も臨戦態勢に入り、一九四〇年、国防上の見地から、ハイウェイの橋梁の強度と幅員に重点を置いての改良、基地との連絡網や関連街路の新設に関する連邦の支出、アーリントンにおける大規模な高速道路網の設置が行われる。太平洋側の戦備として、カナダが用地を提供したアメリカ本土とアラスカを結ぶ道路や、パナマ地域横断のトラック道路などが、国外における軍事用道路として企画され、建設されている。

一九四五年、日本の降伏により大戦は終結し、一〇月には国際連合が発足する。大戦における諸国の動員兵力は一億人を超え、死傷者数は三、〇〇〇万人を超えると推計される総力戦であったが、科学技術の高度な発達により、高性能の機器（レーダー、ロケット）や原子爆弾がつくられ、航空機の発達が著しかった。

戦後のアメリカ経済は、めざましい発展の中で平時の体制に移行する。戦時貯蓄四四〇億ドルは、住宅をはじめとする強い需要を生み、自動車の生産台数は一九四五年の七万台から逐年増加して三九〇万台となり、登録台数は三、七四〇万台と二二％増加した。

ガソリン配給制、戦時中の速度制限も撤廃され、ハイウェイ交通量は一九四六年には戦前の水準に達し、その後、六％ずつ三〇年間増加する。

インターステートハイウェイは、一九四六年、道路基準に基づいて具体的ルートが策定され、六〇、六二七㎞が選定された。

都市内外の高速道路投資も盛んに行われ、タウンパイクの有料道路が増強され、各州に有料道路公社が設立・運営された。

一九五〇年、朝鮮戦争の影響により、道路による貨物輸送量は二、二八〇億トンキロと三〇％増加し、州は道路の維持管理のため、ガソリン税、登録税を値上げしたが、連邦ガソリン税が戦時緊急措置のまま継続され、道路費用に使われていないことが論議された。一九五六年、連邦ガソリン税の全額と自動車に関連する連邦物品税の一部が、道路利用者が支払った税金として「道路信託基金」を通じて、道路に関する連邦補助に充当されることが決定されている。

七　アメリカ合衆国建国の思想と道

アメリカ合衆国の建国は、一七九六年の独立革命によるものであり、その思想は独立宣言に明らかにされているように、人間は皆平等であり、生命、自由、幸福の人権を有し、政府の樹立は人民の権利であるとする市民民主主義の原理に基づいている。

アメリカ合衆国の独立当時の人口は、四〇〇万人程度と推定され、一九世紀において、その領土を拡大し、急速な社会的、経済的発展を遂げるが、その原動力はフロンティア開拓の精神であると考えられる。

フロンティアとは、開拓地と未開拓地の境界を意味するが、資金と意欲をもつ開拓者が安価な土地と豊富な資源を有する「フリーランド」において、奴隷や移民を使役して農業や工業を大規模に経営する開拓方式が拡がり、ロッキー山脈を越えて西漸し、西部開拓の歴史が展開する。

道路は、開拓実行の重要な基盤であり、開拓地内の道路網、タウンパイク、ナショナルロードなどの形で鉄道とともに重要な役割を果たしており、軍事用道路も開拓の人々に利用されている。

一八九〇年に国務省は、開拓すべき広大な土地が無くなったとして、「フロンティア消滅宣言」を行い、建国以来のフロンティアは終息する。アメリカの発展は、二〇世紀における産業、金融の独占資本主義体制に移行し、高度化、巨大化が始まり、道路交通は本格的な自動車ハイウェイ時代を迎える。

フロンティア開拓精神や確立されるアメリカン・オブ・ライフ（アメリカ式生活様式）は明るく現世的であり、ジャーナリストのジョン・オサリヴァンにより、語られたという
「神によって与えられたこの大陸に我々が拡大することを明白な宿命（マニフェスト・デスティニー）と呼ぶ」

との言葉が印象的に思われる。

第一六章　近代国家の成立と国民道徳

大日本帝国憲法の制定により、日本は天皇主権形態による立憲君主制の近代国家として西洋国際社会に受け入れられることとなったが、四民平等とされた国民の道徳的規範として、国民道徳論が登場し、新学制における国民道徳教育の基礎となり、近代国家日本の国民の思潮に重大な影響を及ぼすこととなる。

本章においては、道徳論が、維新における文明開化の思潮のなかで、西洋社会の道徳論と比較検討されて「国民道徳論」が形成され、国民の教育に主導的役割を果たした状況について、東西両文明に起こった道徳論の展開については、三宅剛一氏『道徳の哲学』（昭和四四年　岩波書店刊）により、「道徳論の系譜」として、維新における道徳論の変容、国民道徳論の形成については、山田洸氏「明治維新と文明開化」「国家主義体制の確立」（『日本思想史読本』一九七九年　東洋経済新報社刊）などにより、「文明開化と道徳論」「国家体制の確立と国民道徳論」として考察する。

一　道徳論の系譜

東西両文明に興った道徳論は、多岐にわたり長きに及ぶ展開を見せており、その系譜の把握は難解であるが、三宅剛一氏は、道徳を人間存在の一つの根本的可能性として捉え、道徳意識の歴史的相対性に着目し、各自的な主我性と社会的な共同性の関わり合いとしての道徳的態度の主要な類型について、次のように述べられる。

① 古代ギリシャの哲学においては、自然と道徳の間に共通の法を認め、コスモス（宇宙）の法と自然の法とは一致する。道徳論の主眼は、幸福の問題であり、善を快楽と知見の混合における適度と均斉とする思想（プラトン）は、ギリシャ的とされる。

ストア学派では、人間は理性《ロゴス》に従うことにおいて自己の本性が実現されるものとされ、そこに真の幸福があるものとされる。

② 近世の倫理学の思想を代表するのは、「よく理解された私益が社会の利益と一致する」という功利主義（ヒューム、スミス）であり、功利的道徳論ではエゴイズムの妥協的肯定と自足性としての幸福の忘却が問題となる。

③ 理性的意思を道徳の要とする思想は、カント、デカルトに見られる。

カントは、行為の道徳的価値は、その行為によって生ずる結果に依存せず、理性的存在者に一般的に妥当する法則の表衆への尊敬の感情「人格」が意思を動かし、道徳的行為をひき起こすとする。カントの道徳律では、自立と他律、合法性（Ligalitat）と道徳性（sittlichkeit）を対立させることで、いわゆる市民社会的な道徳論と異なる特色を持つとされる。

④ 一九世紀中頃ニーチェは、生成（世界）、生（人間）を根本的なあり方とし、生はより強力な生へと向かう力への意思で、目標は、可能性としての高貴な型の人間「超人」であり、反対の方向に陥れる道徳人間を権力意思の現れと暴露する。

マルクス主義においては、プロレタリアートが革命的実践に参加することにより、生存の意味が見出されるものとする。

⑤ 中国古代の諸子百家のうち、孔子は、「道に志し、徳に拠り、仁に依り、芸に遊ぶ」「仁は人なり」のように、道徳を超越的なものとの関係からではなく、純粋に人間自身から出るものと考えて、道徳を「道」として説き、己の道が天に通ずることを意識したものとされ、道徳を体得した君主が、民を治めることを期待している。

孟子は、五倫の説を立て、義を強調したことで道徳論に大きな影響を及ぼした。諸徳を特に心に具わるものとし、「放心を求める」を説き、道徳を人生論的に主観化した。

⑥老子は、政治社会の無益な努力よりも、私人として自然の性を守り、安ずることを考え、虚静無為を重んじ、「自ずから然り」とする生成の本に帰するとする。

荘子は、社会的な道徳制度に縛られない心の自由、人為を越え自然との冥合により平静を得ることに意味を持ち、物を忘れる境「心忘」「座忘」に至る。

⑦宋儒に至って、儒教を形而上学的に組織することが企てられ、宇宙的秩序と道徳的秩序とが連続し、人間における理が性として気に当たる情と区別される。天理と人欲、本然と気質が対立させられ、人欲を去って天理に帰する「持敬」を聖に至る道とする。

⑧江戸幕藩体制化において、伊藤仁斎は、宋儒を去って孔孟の徳行を教えることを企てたが、「苟くも礼儀をもって之を裁する有るときは、則情即是道、欲即是義、何の悪すことか是れ有らん」と生々活動のうちに道を見ている。

荻生徂徠は、人間の自然な情を肯定し、「性は人々殊なり。故に徳も亦人々殊なる」として、徳は安民有用の材であるとする実用教化の思想を説く。

⑨明治になると学者は、西洋の啓蒙主義と実証主義に影響され、道徳論もベンサム、ミルなどによるのが大勢となり、西周は人間の性、好悪の情を心理の根本とし、倫理的に

は、利己と利他の調和という功利主義を説く。

　その後、西洋哲学、西洋文学、キリスト教に対する理解が深められ、東洋思想における仏儒の伝統も再吟味されるようになる。

二　文明開化と道徳論

　明治初期においては、西洋における近代の学術、思想を啓蒙する運動が盛んになるが、明治六年西洋学者により結成された明六社においても、道徳論が論議されている。

　西周は、「人生三宝論」において、功利主義の立場から、「健康《マメ》、知識《チエ》、富有《トミ》」を「人生一般ノ最大福祉ヲ達スルノ三大綱領」として捉え、道徳といえば、恭順とか寡欲としてしか考えない儒教的立場を批判している。

　津田真道は、「情欲論」において、「吾人天賦ノ尤重ナル者ニシテ吾人ノ因テ以テ生存スル所以ナリ」として大胆な情欲肯定論を唱え、「死刑論」では、刑罰が「罪業ノ畏ルベキヲ知リテ之ニ懲リ之ヲ悔イ善道ニ復帰スル」ために設けられているのに、善道に復帰する可能性を犯罪者から奪ってしまう死刑は刑の名に値しないと論じている。

　森有礼は、英米に留学し、熱心なキリスト教信者であったが、「妻妾論」において夫婦の相互的な権利と義務の関係を論じ、「苟モ此理ニ拠リ婚交セザル者ハ未ダ人間ノ婚交ト目ス可ラズ」と蓄妾制度を批判している。

西村茂樹は、儒教の今日から見て、固陋迂闊になっている部分は、西洋近代の哲学なかんずくコントの実証哲学で補う必要を説いている。

明六社は、二年で解散するが、ほとんどが新政府の高官となり、西周は兵部省官吏として、軍人勅論の起草に当たり、津田真道は司法省官吏として陸軍刑法の作成に関係し、森有礼は文部大臣として教育制度の確立に重要な役割を果たし、西村茂樹は、『日本道徳論』などにより、国民道徳推進の第一人者となっている。

三　国家体制の確立と国民道徳論

自由民権運動の高まりに対して、対立する新政府の道徳教育強化の動きが活発となる。

幕末に西洋諸国から開国を迫られた際に、洋学者の間にも、「東洋の道徳、西洋の芸術」「和魂洋才」の言葉のように、科学、芸術は西洋に学ぶが、道徳、精神は東洋の方が優れているという考え方が支配的であったが、新政府は、急速に拡大する自由民権運動への対策として、集会条例などにより規制を行うとともに、学校教育の統制に力を注いだ。

一八七九年天皇の侍講・元田永孚《もとだえいふ》（一八一八～一八九一年）の起草になる「教育大旨」において「祖宗の教典に基づき、専ら仁義忠孝を明らかにし、道徳の学は孔子を主として、人々誠実品行を尊び、然る上各科の学は其才器に隋って益々具備し、道徳才芸、本末完備して、大中至誠の教学天下に布満せしめ」として、儒教教育によって仁義忠孝を明らかにすべきことが打ち出され、翌年には「教育令」を改正して教育に対する国家の統制を強化し、修身科を第一において尊王愛国の養成に主眼をおくよう強調した。

道徳論として、西村茂樹の『日本道徳論』が重要な役割を果たすようになる。洋学者で啓蒙思想家であった西村茂樹は、儒教の固陋迂闊になっている部分は西洋哲学なかんずくコントの実証主義で補う必要を説いていたが、国民道徳の回復に早くから志を持ち、伝統的な儒教道徳を主眼として、修身学舎を設立、『小学修身訓』『婦人鑑』を刊行して、修身教育運動に専心する。

東京帝国大学哲学科の第一回卒業生としてドイツに留学し、教授となった井上哲次郎（一八五五～一九四四年）は、ドイツ観念論と伝統的な仏教を結合して日本アカデミズム哲学の基本的性格を決定付けたが、道徳論の分野では、国体論に基づく忠孝一本の道徳を主張して、文部省の委嘱による『勅語衍義』により国民道徳論の確立に重要な役割を果たした。

福沢諭吉は、『日本婦人論』『品行論』などを集中的に発表して平等な男女の敬愛を基礎とする新しい人間を確立しようとする私徳論に重点を移していたが、儒教主義の復活、倫理的教科書の固定化の動きに対して明確な反対論を展開している。

一八九〇年山県有朋内閣の下で、元田永孚と井上毅（一八三八〜一九三二年）の起草による『教育に関する勅語』が発布される。

徳目は、元田永孚による「忠孝」を中心とする儒教的徳目と大日本帝国憲法制定に当たった井上毅による「公益」「博愛」などの西洋社会的徳目などが列挙されているが、「天壌無窮ノ皇運ヲ扶翼スベシ」の天皇制維持が眼目であるとされている。

絶対天皇制のもと、忠孝一致の国民道徳論が形成され、教育制度の核として組み込まれ、天皇の神聖不可侵の名のもとに絶対的道徳として、国民を政治的、道徳的に支配し、批判の自由は奪われ、半世紀にわたり維持されることとなる。

第一七章　近代国家日本における思潮の流れと「人道」「皇道」

明治維新により西洋の文明が導入され、近代国家としての体制が確立された日本では、激動する国際社会のなか、工業生産を中心とする経済力の向上、軍事力を伴う海外への進出が行われるが、第二次世界大戦の終結に至るまで、時代の様相を背景にさまざまな思想が興起し、変転する。

本章においては、約半世紀にわたる近代国家日本の思想の流れを概括するとともに、「道」を称する思想として、大正デモクラシー時代の「人道」、軍国化が進展した昭和初期における「皇道」について考察する。

近代から現代への日本の思想の流れについては、さまざまな分析、見解があるが、本稿においては、山田洸氏、古田光氏「近代の思想」、「現代の思想」（『日本思想史読本』一九七九年東洋経済新報社刊）などにより、その変遷を辿ることとする。

一　近代から現代への日本の思想

①　一八九四年、東学党の乱を機に日清戦争が起こる。国内の世論は、急速に戦争に向けて統一される。政府と対立関係にあった民党は政府攻撃を中止し、議会においては、戦争予算一億五、〇〇〇万円が可決される。

福沢諭吉は、官民の一致協同、「大いに国事に尽くす覚悟」を説き、陸羯南は「空前絶後の美事」と歓迎し、のちに非戦論を唱える内村鑑三、柏木義円なども「日清戦争の義」などと支持している。

②　日清戦争以降の国家主義への傾斜に対し、個人を社会、国家などの集団と対立的に捉え、個人の方を存在においても価値においても重視する個人主義が抬頭し、さまざまに展開する。

○北村透谷は、「内部生命論」において、内部生命の要求を重んじ、「想世界」をその実現の場とした。

○ロマン主義的個人主義が文芸思潮のなかで形成され、島崎藤村『若菜集』、与謝野晶子『みだれ髪』が現れる。

○個人主義的思想は、現実主義的方向に向かい、島崎藤村『破戒』、田山花袋『布団』の自然主義的個人主義が生まれる。
○自然主義に批判的な立場をとりつつ、独自の文学や思想を形成した人々に、夏目漱石、森鷗外、永井荷風がある。

③ 日露戦争後、日本における工業化、資本主義化は急速に進み、労働問題が発生し、社会主義思想が起こる。労働組合が発足し、労働運動が開始され、労働争議が激化する。一九〇三年「平民社」が、幸徳秋水、堺利彦によって設立され、平民主義、社会主義、平和主義を掲げるが、〇五年弾圧により解散する。

④ 大正の政変と第一次世界大戦後の好況を背景に「自由のよき時代」を迎え、大正デモクラシーが開花して哲学、文学の面で新潮流を起こし、理想主義、人格主義、文化主義、教養主義、人道主義などが興起する。
○吉野作造は、国家の強大化と個人の弱体化の状況を批判し、立憲政治のため、日本人の知徳、教養を高め、精神的な体制維持が必要であるとして、黎明会を組織し、「民本主義」を唱え、大正デモクラシーの旗手とされる。「丁酉《ていゆう》倫理会」は、新しい「人格主義」の立場から従来の国民道徳の再編成を表明する。

○プラグマチズム、「生」の哲学、新カント派などの同時代の哲学的思想が導入されて、新理想主義の哲学と呼ばれ、近代的個人意識の新しい基礎づけが行われる。西田幾太郎は、哲学を媒介として東洋的色彩の濃い独自の哲学体系を形成し、『善の研究』を著す。

○新カント派の人格主義的な理想主義の哲学を摂取しながら、人格的自我観念を基礎におき、文化をもって生活を中心とする『文化主義』が、左右田喜一郎、桑木厳翼により打ち出され、文化と文明を区別する。

○修養に代えて教養という言葉が、個人としての自己を普遍的な文化の担い手としての人格に高めていくことを意味するとする「教養主義」が普及し、阿部次郎『三太郎の日記』、倉田百三『愛と認識の出発』が、青年知識層に迎えられる。

○和辻哲郎は、西洋、東洋、日本の文化の相異を探究し、独自の倫理体系を形成する。『古寺巡礼』における日本文化の見直しと、『風土』における文化論、『倫理学』における道徳論から、「絶対空」の境地を拓く。

○特殊な国家や階級を超越した普遍人類的立場から正義を主張し、表現しようとする「人道主義」が、白樺派の文学者により共感を集め、人道主義の旗手とされる。

⑤　マルクシズムは、堺利彦が一九〇四年以降に「共産党宣言」「空想的及び科学的社会主義」を訳出していたが、一九二二年日本共産党が結成される。

⑥　震災恐慌、世界恐慌などの影響により、日本経済は低迷し、社会的不安は増大し、海外への進出の動きが強まり、軍国化の動きが加速する。

国家主義が急速に行動化し、血盟団による一人一殺による政財界の要人の刺殺事件が起こり、陸海軍将校による五・一五事件、続いて一九三六年には、在京連隊の将校による首相を初めとする政財界の要人への襲撃、殺害事件が起きる。

混乱を通じてファシズム体制が確立され、日中の全面戦争に突入する。

帝国議会は、「国体明徴決議案」を満場一致で可決し、文部省は『国体の本義』を明らかにして、国民精神総動員体制が作られる。

対外的には、「八紘をおおって一宇をなす」との世界同胞主義と「国体論」が結んで、「皇道を世界に宣布する」とする皇道哲学となり、「東亜協同体」「大東亜共栄圏」の発想となる。

二　人道主義の思想

近代国家としての日本において、明治末期から大正期にかけて、「人道」の語が盛んに用いられ、人道主義が主張される。

民本主義者として活躍した吉野作造は、人道主義の超階級的立場を堅持しつつも、労働者階級の解放を支持し、労働運動の人道主義的指導を説いている。

経済学者・河上肇（一八七九〜一九四〇年）は、人道主義的立場に立って貧乏を経済学の第一義的課題とし、生物学者山本宣治（一八八九〜一九二九年）は、人道主義的立場から、産児制限運動を行っていたが、ともに社会主義者に変貌する。

古田光氏は、「一般的にいえば、特殊な国家・階級を超越した普遍的人類の立場から、正義を主張し、これを実現しようとするのが人道主義であり、さまざまな領域で、さまざまな発現形態を取るものである」とするが、大正デモクラシーの時代に人道主義の旗手とされ、この言葉を一般化するのに力があったのは、白樺派の文学者であったとされる。

自己本位の個人主義の立場を徹底し、自己を生かすことは、人類の意思、宇宙の意思を実現することだとの信念に立って、我執（エゴイズム）を善であるとし、既成の秩序や規範は、自我の発展に応じて変わるべきものであり、変えうるものであるから、もっぱら自我を生かすことに専念するとして、雑誌『白樺』を創刊する。

武者小路実篤（一八八五〜一九七六年）は、この思想を実行に移すための試みとして「同志とともに各人が兄弟のように助け合いながら自由に生活できる理想社会、「新しき村」」の建設を企画し、共鳴と批判、嘲笑のなかで苦難の実行を行う。

三　皇道の精神

一九三〇年代において、国家主義者の行動により、政財界の要人が刺殺され、政党内閣による大正デモクラシーの時代は終わり、戦争とファシズムの時代に突入する。

北一輝（一八八三〜一九三六年）は、一九一九年上海で『日本改造法案大綱』を著しているが、「内憂外患並ビ到ラントスル有史未曾有ノ困難」とする危機意識の下に国民の大同団結を図り、三年間の憲法停止を含む戒厳令下に国家の大改造を行うべきと主張する。

天皇は、国民の総代表であり、天皇と国民の結合を妨げいる華族、貴族院や閥族（軍閥、吏閥、財閥、党閥）を取り除き、天皇中心の有機的国家が実現され、「国際的無産者タル日本」は自国防衛のほか、インドの独立や中国の保全のため、またシベリア、オーストラリアなどの不法の領有に対して戦争に訴える権利があるとする。

この影響を受けて、血盟団の一人一殺や政財界の要人の刺殺事件が多発し、五・一五事件などの陸海軍将校の聖典とされる。

一九三一年、荒木貞夫中将の陸軍大臣就任とともに、陸軍内部の派閥としての「皇道派」が勢力を拡げ、「皇道」を唱え、「皇軍」を鼓吹し、「統制派」と対立する。

天皇親政、尚武的日本主義、反共、反ソ主義、農本主義、反財閥主義が特徴とされる。

一九三三年、政治結社「皇道会」が、陸海軍将校、在郷軍人により日本農民組合の支持の下に結成され、「皇道政治を徹底し、精華を発揮する」ことを綱領とし、既成政党の打破、国家統制経済の実現、国民道徳の振興、軍備の充実、世界資源の衡平化を主張した。

皇道精神は、「わが国体は天孫降臨の神勅による万世一系の天皇の宝祚の栄にもとづく」とする国体論と「八紘をおおって一宇となす」という世界同胞的思想が結びつき、「皇道を世界に宣布する」という侵略的国家主義の基盤となり、天皇の統帥権の独立を利用する軍部の独走により、満州、中国、南方への進出が拡大し、大戦の深みに引きずられる。

第一八章　近代法治国家における道路の法制度の成立

明治維新ののち、帝国議会の開設、内閣制度の採用、帝国憲法の発布などを経て、近代的法治国家としての体制が整えられ、法律の下で、国家、社会の運営が行われることになる。道路に関する管理運営も、法の執行である行政として行われることとなり、さまざまな経緯を経て、大正九年（一九一九年）、基本法規として、道路法が制定される。

本章においては、道路法制の成立に至る経緯、内容、法の思想とともに、道路の整備、技術の進歩の状況について、台建氏「道路法関係法制史」、山根孟氏「道路政策史」、杉山好信氏「道路技術史」（いずれも『昭和の道路史』平成二年　全国加除法令出版刊）などにより、考察する。

大日本憲法の発布のもと近代法治国家の法律として、第一〇回帝国議会（明治三〇年）においては、森林法、砂防法が、第一四回帝国議会（明治三二年）においては、土地収用法、鉄道営業法が成立しているが、それぞれの帝国議会に提出された道路法案はいずれも審議未了となっている。

一　道路法制定に至る経緯

明治維新後における日本列島の道路の管理は、従来の幕藩体制から、新政府による太政官―県知事の体制に移行して行われることになる。

明治五〜六年には、太政官布告や達により、道路の掃除、並木の伐採、実測及び里程標について、それぞれ定められ、明治九年の河港道路修築規則の改正により、国道（一〜三等）、府県道、里道の別及び幅員が定められる。

明治一八年には、国道の幅員を道敷四間以上、並木敷濕抜敷を合わせて七間以上とすることを定めており、明治二〇年の勅令では、東京ヨリ鎮守府ニ達スル道路、鎮守府ト鎮台ト拘併スル道路を国道に編入している。

明治三〇年内務省における一〇年間の調査を経て策定された「公共道路法案」が提出される。この法案は、

① 私道を行政庁の認定により公道とする「私設公道の制度」があること。
② 道路は私権の対象とならないこととすること。

③　道路の管理は原則として国の事務とし、費用は地元公共団体の負担とすること。
④　交通警察に関する規定を含むこと。
に特色を有するが、
①　道路の認定に関し、費用負担者である公共団体の関与がないこと。
②　命令事項が多過ぎること。
③　沿道の土地所有者の義務が厳し過ぎること。
を理由に反対論が強く、事実上否決される。

明治三二年、道路法案が私設公道の制度を削除し、道路の敷地を私権の対象とし、その行使を制限するなどの修正を行って提出されるが、審議未了となる。

両案ともに、公道としての道路の性格・範囲、管理者である行政庁と費用負担者である地方公共団体との関係が、論点であった。

二〇年を経た大正八年、政府（原内閣）は、第四一回帝国議会に「道路法案」を提出する。

第一次世界大戦後の経済社会の発展に伴い、輸送需要が増大し、道路整備の機運が高まってきたことを背景とし、地方長官、土木会議、道路協議会などの意見を聴いて策定されている。衆議院の審議において五ヵ所の修正を行い、貴族院における可決を経て成立する。旧道路法と呼ばれている。

二　旧道路法の内容

旧道路法（大正八年法律第五八号）は、六章六八条から成り、大綱は次のとおりである。

① 道路法上の道路は、一般交通の用に供する道路（公道）であるとして私道と区別し、路線の認定、管理者による区域の指定により定まるものとする。

② 道路の種類を、国道、府県道、郡道（のち廃止）、市道、町村道に分かち、路線認定の基準が定められる。

国道は主務大臣が路線の認定を行うもので、「東京市ヨリ神宮、府県庁所在地、師団司令部所在地、鎮守府所在地又ハ枢要ノ開港ニ達スル路線」と「主トシテ軍事ノ目的ヲ有スル路線」であるとされ、中央集権的、軍事的色彩が強い。

府県道は、府県知事が路線の認定を行うもので、府県庁所在地を中心に、他の府県道、国道、郡・市役所所在地、枢要なる地、港津、停車場などを結び、地方統治的、地方振興的な幹線網を形成する。

市道及び町村道は、市長及び町村長がそれぞれ路線を認定する。

③ 道路の管理者は、国道については、府県知事、その他の路線にあっては、路線の認定者とされる。勅令で指定する市にあっては、国道、府県道の管理者は市長とされる。道路の管理者は、道路区域を定め、道路台帳の調製を行うとともに、道路の新設、改築、修繕、維持を行う。主務大臣は必要に応じて国道の新設、改築を行うことができる。

④ 主として軍事の目的を有する国道、主務大臣の指定する国道、主務大臣が新設、改築を代行する国道の新築に関する費用は、国庫の負担とし、その他の道路に関する費用は、管理者たる行政庁の統轄する公共団体の負担とする。

国道の新設、改築に要する費用については、国庫において二分の一を負担し、特別の事情がある場合においては、府県道以下の道路の新設、改築に要する費用の一部を国庫より補助することができる。

三　公物管理の思想

道路法における道路は、法律的に「公共用物」として構成され、公法的規律により管理される。

原龍之助氏「公物の概念」（『公物営造物法』法律学全集13－II新版平成六年有斐閣刊）において、公物、公共用物は次のように意義付けられる。

公物は、国又は地方公共団体その他これに準ずる行政主体により、直接公の目的のために供用される個々の有体物を指す意味に用いられ、人工を加え、公の目的に供する人工公物と自然の状態のままですでに公共の用に供される実体を具える自然公物に区別される。

公共用物は、直接に公共の福祉の維持増進を目的として一般公衆の共同利用に供せられるものであるとし、道路、河川、港湾、公園、広場、湖沼を例としている。

道路は、主要な人工公物であり、公共用物であると位置付けられる。

（公共用物の管理権）

公共用物の管理権は、公共用物をその本来の目的に従って、公共の用に供するために認められた特殊な包括的権能であり、物に対する支配権や公権力でないとされる。

その内容は、積極的に公共用物の目的を達成せしめるがために、形態を整え、良好な状態に維持管理し、必要に応じて公共の負担を課する等の作用と、消極的に公共用物に対する障害を防止又は除去し、種々の規制を行う作用を含んでいるとされている。

（公共用物の使用）

公共用物は、一般公共の使用に供するため公共施設として設置、管理されるものであるから、原則として一般公衆の使用の自由が認められている。

公共用物の自由使用の範囲を越え、他人の共同使用を妨げ、社会公共の秩序に障害を及ぼすおそれがある場合には、「許可使用」により制限することが行われており、道路上の工事、露天、屋台店の設置等が該当する。

また、本来の公共用物の用法を越えて、本来の公の目的を妨げない限度において、特別の使用権を設定し、取得し、使用する「特別使用」「特許使用」があり、道路における電線、水道管、ガス管、地下鉄、地下街などの占用に幅広く、多くの例が見られる。

（公物と私権）

公物については、私法の適用を全く排除し、私所有権の対象となる事を否定し、もっぱら公法の適用を受けるとする公所有権説と公物について公の目的を達成するための法的制約を認めながら、その目的を妨げない範囲において私法の適用を認め、私法の対象となるべきものとする私所有権説を両極端として、中間に種々の見解がある。実定法上の立法政策の問題とされるが、道路法の規定は、ドイツ法の考え方による私所有権説によったものとされる。

四　道路の計画的整備と技術の進歩

大正九年、最初の道路整備に関する計画として、期間三〇年の道路改良計画が制定される。この計画においては、

イ　普通国道約二、〇〇〇里のうち、道路一、七七五里、橋梁約三六里の改修

ロ　軍事国道七二里の改修

ハ　主要県道約四〇〇里の改修

ニ　六大市の街路改良

を目標に、改修の基準、年度割、補助率が定められ、整備の財源のため「道路公債法」が制定される。

この計画は九～一一年度は順調に推移するが、世界的不況による道路公債の廃止、関東大震災に伴う予算削減により形骸化する。

昭和六年、深刻な不況克服のため、道路公債の復活、国道工事国直轄施行制度の導入により、失業対策と産業対策を図る「産業振興道路改良五カ年計画」が策定され、農村の窮状打開のため町村道補助を主とする農村振興道路改良助成費が創設され、合わせて「時局救国道

路改良事業」とされる。

昭和九年には、計画期間二〇年の道路改良計画が策定され、
イ　普通国道七、五二六㎞のうち、六、九〇三㎞について国直轄による改良、舗装
ロ　軍事国道三〇八㎞のうち、未改良の二七五㎞の改良
ハ　指定府県道二〇、四二二㎞のうち未改良区間一七、三六〇㎞の改良と、改良済みの未舗装区間三、〇六二㎞の舗装
を内容とし、改良の標準、年度割を定めている。

文明開化による西洋道路技術の本格的導入や最新型道路技術の研究が行われ、日本の道路技術は、格段の進歩を遂げる。

大正八年の道路法の制定に合わせて道路構造令、街路構造令が、大正一五年には道路構造令細則が決定され、道路幅員、縦断勾配、横断勾配、曲線部の拡幅量、建築限界が定められる。自動車（約四万台）交通には便利であって、馬力（約四〇万台）交通には不便でない道路が念頭にあったとされる。

明治四二年日本でアスファルトの製造が行われ、自動車交通に配慮したアスファルトマカ

ダム、アスファルト舗装、コンクリート舗装が試験され、採用されて進歩し、昭和五年には標準仕様書、一〇年には舗装用アスファルト統一規格が制定される。

従来の木橋、石橋から、鋼材橋、鉄筋コンクリート橋の採用に移り、トラス、アーチ、ゲルバー桁などの方式により数多くの架橋が行われ、関東大震災後には、ラーメン橋が架けられるようになる。

明治一一年、スティムエンジンによるエアコンプレッサとエア・ドリルを使用して、栗子トンネル（万世大路、福島〜米沢間）が完成する。昭和一〇〜一九年には、安倍川河底道路トンネルの工事が行われ、一四年には関門道路トンネル工事に着手する。

明治時代には、パワーショベル、スティムローラなど、大正に入っては、アスファルトプラント、コンクリートバッチャープラント、橋台のアメリカケーソン使用が行われ、昭和に入ってからはブルドーザ等が輸入され、国産機械も活躍して、機械化施工は進展する。

第一九章　戦後日本の道路整備

敗戦後における国土、道路の荒廃により、交通需要への対応がままならない道路交通の状況打開のため、昭和二三年、ＧＨＱの指示を契機に、戦後の復興的措置として、修繕に関する地方補助等のための「道路の修繕に関する法律」、「道路維持修繕計画」が策定され、緊急的な補修が実施される。

昭和二二年、国民主権、人権尊重、平和主義、国際協調、地方自治などを基本的理念とする「日本国憲法」が制定され、さらに経済もアメリカの援助により改善されて、二六年には鉱工業生産が戦前の水準に至り、輸送需要は急激に増大する。このような状況のもとで二七年には新しい道路法が制定され、有料道路制度が新たに導入される。

昭和三〇年代から自動車の保有台数は一〇〇万台を超えて、本格的な自動車交通の時代に入り、有料道路制度・特定財源制度と技術の進歩による計画的整備が行われ、日本列島における道路の整備は格別に進展する。

本章においては、前章における三論文に、加瀬正蔵氏「有料道路法制史」（『昭和の道路史』平成二年　全国加除法令出版刊）を加えて、戦後の日本の道路整備の進展について考察する。

一　新道路法の制定

新しい道路法（昭和二七年法律第一八〇号）は、ひらがな表記の議員提案という戦後の新しい形式で提案されるが、その大綱は、

イ　国の幹線道路中最も重要な部分を、緊急に整備する重点的道路として一級国道及び二級国道とし、一級国道及び二級国道は、国の営造物、その他の道路は地方公共団体の営造物として、責任と能力を発揮せしめる。

ロ　道路管理者は、一級国道及び二級国道は都道府県知事、都道府県道は都道府県、市町村道は市町村とする。

ハ　一級国道、二級国道の新設又は改築に関する費用についての国の負担率を高める。

ニ　道路占用者、車両運行者との利益の調整に関する規定を整備する。

ホ　道路の新設、改築に関する損失補償の制度、損傷負担金の制度の規定を整備する。

とされ、路線の指定、認定の考え方は、次のように規定される。

○一級国道は、国土を縦断し、横断し、循環して全国的な幹線道路網の枢要部分を構成し、都道府県庁所在地その他政治、経済、文化上重要な都市を連絡する道路で、政令

で路線を指定する。
○二級国道は、一級国道と合わせて全国的な幹線道路網を構成し、都道府県庁所在地、一級国道、重要港湾、重要飛行場、重要都市（人口一〇万人以上）、重要国際観光地などを相互に連絡する道路で政令で指定する。
○都道府県道は、地方的な幹線道路網を構成し、市、人口五、〇〇〇人以上の町、港湾、漁港、主要な鉄道停車場、主要観光地などを相互に連絡する道路で、都道府県知事が都道府県議会の議決を経て、路線を認定する。
○市町村道は、市町村の区域内に存する道路で、市町村長が市町村議会の議決を経て、路線を認定する。
路線の構成は、政治、経済、文化を中心とした全国幹線網、地方幹線網の形成に主体がおかれ、軍事的色彩は見られない。また、地方道路網の認定の手続は、地方自治の精神が尊重されている。
① 成立した新道路法は、道路の整備に関する諸課題の多様化に対応して逐年改正される。
高速自動車国道が道路法の道路の種類の一とされ、特有の制度を規定するため、分身法としての「高速自動車国道法」が制定される。（昭和三二年）

② 長距離道路輸送の増加に対応するため、幹線道路特に一級国道の整備を図るため、建設大臣が新設及び改築を行う。（三三年）

③ 都市高速道路についての有料道路制度の導入が行われ、首都高速道路公団などが設立される。（三四年）

④ 幹線道路網の重点的かつ効率的な整備の促進を図るため、一級国道と二級国道を統合し、一般国道を大臣直轄の工事の施行管理の対象とし、指定の見直しが行われる。（三九年）

二　道路整備の特別措置　有料道路制度

基幹的な社会資本であり一般交通の用に供せられる道路の整備は、公の財源負担により行われるのが通常であり、原則である。国民の生活行動、経済活動、社会活動に多くの支障を生ずる道路の状況のもとで、借入金により道路の整備を行い、償還のため有料化を行う有料道路制度の考え方が導入され、昭和二七年有料道路事業に関する特別法として、「道路整備特別措置法」が制定される。

主要な論点は、有料道路適格条件と料金の基準であった。

有料道路適格の条件は、

イ　当該道路の通行者又は利用者がその通行又は利用により著しく利益を受けるものであること（便益要件）。

ロ　通常他に道路の通行又は利用の方法があって、当該道路の通行又は利用が余儀なくされることのないこと（代替道路要件）。

一般有料道路の料金設定基準は、

イ　当該道路の通行又は利用により通常受ける利益の限度を超えない（便益主義）。

ロ　当該道路の建設に必要な費用の財源に充てるための借入金、利子の合算額を超えない（償還主義）。

とされた。

一般有料道路事業は、戸塚道路、日光いろは坂など、国の直轄事業八ヵ所、公共団体事業二七ヵ所において行われる。

昭和三一年「高速自動車国道法」の制定により、日本道路公団に、高速自動車国道の管理及び料金徴収の権限が賦与され、財政投融資、民間資金を合わせて導入し、建設大臣の施行命令により、管理、運営を行うこととされる。

料金については、償還主義の原則とともに、公共性にかんがみ公正妥当なものとする公正妥当主義の原則が適用される。

昭和三三年には、急速な交通量の増大、都市構造の変化に対応して、一般の街路とは分離した自動車専用の「都市高速道路」が建設されることとなり、国と地方公共団体が出資し、首都圏域整備計画に基づく基本計画を建設大臣が指示する方式などにより、首都高速道路公団(三四年)、阪神高速道路公団(三七年)、名古屋高速道路公社(四五年)、福岡・北九州道路公社(四六年)が設立され、それぞれの都市地域において有料都市高速道路の経営を行うこととなる。

四五年「地方道路公社法」が成立し、地方的な幹線道路の整備を促進して交通の円滑化を図り、住民の福祉と産業経済に寄与することを目的として、地方公共団体の出資により、地方道路公社の有料道路事業が行われる。

同じく四五年には、本州・四国連絡橋が公団方式により、六二年には東京湾横断道路が民間活力方式により、架橋、トンネルによる有料事業として行われる。

三　道路の緊急整備　道路整備五箇年計画と道路特定財源

大戦終了後における日本列島の道路ストックの状況は、次のとおりとされる。

	延長（km）	改良率（%）	舗装率（%）
国　　道	九、四四六	二三	一七
指定府県道	二四、四六九	三一	九
一般府県道	九〇、五四七	九	二
市 町 村 道	七七四、四五〇	―	一

昭和二八年「道路整備費の財源等に関する臨時措置法」が成立し、
イ　昭和二九年度を初年度とする道路整備五箇年計画（投資規模二、六〇〇億円）の策定
ロ　道路整備費の財源として揮発油税（キロリットル当たり一三、〇〇〇円）相当額の充当
ハ　道路事業費の国の負担割合、補助率の引上げ

が行われ、道路整備五箇年計画と道路特定財源による道路整備の緊急措置が始まる。

道路利用者から徴収される揮発油税は、受益と負担の関係があり、税法上の応益主義の考え方から、道路整備に充当される。

二九年には、地方公共団体と道路財源として揮発油税収額の三分の一が、都道府県及び五大市に譲られ、三一年には、都道府県税として軽油取引税が創設される。

三三年、「道路整備緊急措置法」が道路整備五箇年計画と道路整備特定財源の根拠法として改めて成立する。

このののち、国の道路特定財源として、石油ガス税（四一年）、自動車重量税（四六年）が、地方の道路特定財源として石油ガス譲与税（四一年）、自動車取得税（四三年）、自動車重量譲与税（四六年）が創設され、充当される。

三四年、経済の発展に伴う経済基盤の強化のため、第二次道路整備五箇年計画（規模一兆円）が策定される。

その後の日本経済の発展に伴い、国民所得倍増計画（三五年）、全国総合開発計画（三七年）、経済社会発展計画（四二年）、新全国総合開発計画（四四年）などの経済計画や全国総合開発計画と連動して、逐次改訂、拡充され、日本経済の高度成長、国民生活の向上にきわめて重要な役割を果たしている。

四　道路技術の発展

戦後の道路技術は、自動車交通文明の繁栄と道路整備の拡充とともに、格別に発展する。昭和三三年、自動車交通時代に対応して、新しい構造令が制定され、名神高速道路に対応した構造基準が設定される。交通流理論による交通計画、安全対策としての交通情報、遮音壁、日照、電波障害などの環境対策、渋滞対策に配慮した交通管制システムなどの交通技術が展開する。工法的には

○超軟弱地盤に対応した機械化土工、のり面の植生工による緑化、ブーズアスファルト舗装、耐流動性アスファルト舗装、雪寒対策などの転圧コンクリート舗装などの多くの工法が開発される。

○架橋は、鋼橋、鉄筋コンクリート橋、プレストレストコンクリート橋を中心に広汎に展開し、海洋架橋が実現する。

三七年、若戸大橋に始まる吊橋工事の技術は、本四架橋を中心に長大化が進み、南備讃瀬戸大橋（最大支間一、一〇〇ｍ）や景観に配慮したＰＣ傾斜橋、横浜ベイブリッジ橋

（最大支間四六〇ｍ）が建設される。

〇掘削技術、換気技術の発展により、本格的な山岳トンネル工事が多くなり、関越トンネル、（一〇・九㎞）が完成する。沈埋トンネルも大規模化し、東京湾横断道路（多摩川～川崎間一、五五〇ｍ）が建設される。

戦後の道路技術は、機械化の進展、新工法の導入、改良により進展したが、昭和五〇年代からのエレクトロニクス関連事業の進歩により、情報化技術、ロボット化、新素材の導入などが進み、急速なモータリゼーションに伴い複雑化、多様化したニーズに対応しており、省力化、省エネルギー化、ローコスト化など、さまざまな面で先端技術が活用され、技術革新が行われている。

戦後の日本列島の道路は、急速なモータリゼーションに対応して、緊急措置（五箇年計画と特定財源）と特別措置（有料道路制度）のもとで、広汎な技術革新により着実に整備され、日本経済の復興、成長に重要な役割を果たし、国民の生活水準の向上に寄与した。

重要であり効果的な発想であったということができる。

第二〇章　戦後日本における道と思想

一九四五年の日本の降伏とともに第二次世界大戦は終結し、ポツダム宣言における日本の非軍事化、民主化を軸に日本の国家社会の再構築が行われる。

戦後処理は、連合軍による占領管理下に行われるが、一九四七年、民主主義、人権尊重、平和主義、国際協調、三権分立、地方自治などを基本的理念とする「日本国憲法」が新たに制定され、新しい国家像が設定される。

自由主義と社会主義、保守と革新、安全保障と自衛などを軸に、政治的思想は多角化、多党化し、示威や闘争を経験するが、議会民主主義の定着の方向に向かう。

戦後の復興過程から脱した日本経済は、積極的な企業経営、技術の導入と革新、労働力の産業間移動などによる工業化の進展が著しく、自由貿易圏を中心に貿易が拡大伸張し、高度成長期を経験し、貿易大国、経済大国となったとされる。

社会的には、教育機会の拡充、所得水準の向上などにより、都市圏を中心に新しい価値感をもつ知識的社会層が生まれ、マスメディアの発展とともに、大衆型知識社会が出現し、拡大する。

国際的学術、文化が広汎に流入し、学術文化は各分野において高度に発展する。特に科学技術の進展が著しく、日本の伝統的文化も、大衆的に普及し、国際的にも展開する。

世界的には、大戦直後の植民地解放、民族自立の時代から、米ソ両巨大国によるイデオロギー対立の冷戦構造の時代を経て、民族、宗教、テロなどによる国際紛争、地球人口の膨張による飢餓と貧困、文明の進展に伴う地球環境の悪化が現実化し、国際的な共存、共生が求められる時代に変転する。

このような、国内的、国際的な状況を背景として、戦後の日本社会においては、政治、経済、社会、学術、文化、国際などの各分野において、思想が多角的に興起、展開し、対立、調和して発展し、思想の集団化、マスコミュニケーションなどにより、時代の思潮が形成されている。

戦後日本社会における多様な思潮の体系的把握は、広範にわたる難しい作業であると考えられるが、本稿における「道と思想」の観点から、次の三点について考察し、まとめとしたいと考える。

① 古代から中世、近世、近代にわたって歴史的に展開した「道」に関わる思想は、現代社会において、どのように伝承され、存在しているのか。また、新しい思想の興起はあるか。

② 現代の国際社会において盛んに用いられている「人道」精神とはいかなるものか。

③ 現代社会における日本列島の道路の管理、整備の思想的側面についてどのような変化が生じているのか。

一　現代日本社会における道と思想

戦後制定された日本国憲法においては、基本的人権として、思想及び良心の自由、信教の自由、集会、結社、言論、出版などの表現の自由、学問の自由が保障され、検閲は禁止される。

思想は、各分野において、多様に活発に展開し、コミュニケーションの発達により、幅広く伝えられる。

このような思想的状況のもとにおいて、日本語としての漢字は、当用としての制限を受けることとなるが、歴史的経緯と個性をもつ道に関する語、「道徳」「道義」「道理」は、新しい大衆的知識社会においても、伝統的意味を含みつつ「人のふみ行なうべき規範」「物事のあるべきすじ道」などを表す一般語として、日常的にも多用されている。

「求道」「修道」「悟道」など、究極を求め、到達する階梯を表す語としての「道」は、「非道」「無道」「悪道」「邪道」などの社会規範に反することを意味する言葉とともに、人間や社会のあるべき姿を表裏から表す語として対照的に使用されている。

新しい憲法により、何人に対しても信教の自由が保障され、宗教団体への国からの特権の賦与、政治上の権力の行使、宗教的行為、儀式への参加の強制などが禁止される。

旧憲法下における、天皇の祭祀を司り、国家の保護を受け、国教的性格を有していたとされる国家神道の特殊な地位は失われる。

伝統、伝来、新興の各宗教は、宗教団体により、社寺、教会などを基盤に活発な宗教活動が行われて、それぞれ隆昌し、「仏道」「伝道」などの宗教的用語も一般化する。

日本古来の伝統的文化形態としての「歌道」「書道」「茶道」「華道」「芸道」などの「道」は、流派、家元などの専門的集団を中心に伝統を継承しつつ展開し、変容しつつ発展し、大衆化し、国際化する。

伝統的な武士道精神と縁のある剣道、弓道、柔道などの武道は、伝統的精神と技術を生かしつつ、スポーツ（運動競技）として、教育化、社会化し、柔道は国際オリンピックの競技種目となっている。

芸能、料理、スポーツなどのさまざまな分野、領域において、目標に向かって研鑽し、努力する行動、修練の様式が「道」として意識され、言葉として使われている。

戦後の日本社会の思想の発展のなかにおいて、「道」の語に関わる画期的な新しい思想の興起発展はみられないと思われる。

二　国際人道法における人道的精神

国際人道法における人道的精神について、山手治之氏「国際人道法」（『国際法概説』第三版一九九二年有斐閣刊）においては次のように述べられている。

○一九七〇年代に入ってから、新たに国際人道法（international humanitarian law）と言う言葉が使われるようになったが、これは戦争法のなかの交戦法規を意味する。範囲や内容については、意見は一致しておらず、広義には人間の尊厳を確保しようとするすべての国際法規範を包含するとするが、狭くは交戦法規のうち、傷者、病者、難船者、捕虜、文民などの戦争犠牲者の保護を目的とするジュネーブ諸条約（一九四九年）を基本とする。

○戦争は、武力によって相手方を屈服させ、自己の意志に従わせることを目的とするが、戦争のルールを規律する戦争法の要因は、人道的精神と精力集中の法則である。

人道的精神は、人は残酷を嫌い、卑怯を卑しむ本能的感情から、不必要な殺傷や無益な破壊をさけるべきであると考える。

精力集中の法則は、相手方を屈服させるためには、最も効果的な点に打撃を集中し、敵の軍事力を撃滅するのが、勝利への早道とする。

戦争法における交戦法規は、人道的精神と精力集中の法則のバランスの上に成立しており、市民への無差別攻撃、捕虜虐待などは、敵の敵愾心、抵抗力を増すことが経験的に知られており、禁止される。

○戦時復仇（belligerent of war reprisal）は、相手方の戦争法違反行為に対して、これをやめさせるために戦争法違反行為を行うことをさすが、濫用の危険が高く、報復爆撃、住民の反逆行為に対する捕虜の処刑などの例も多い。

戦時復仇の適法性を前提としつつ、著しく非人道的かつ卑法なものを禁止する個別の条約が締結されている。

一九二八年、ケロッグ条約において、「国家が政策手段としての戦争を放棄することを人民の名において厳粛に宣言」し、不戦は国連憲章にも武力の行使などの制限として継承されているが、世界的に未だ戦火が絶えず、国際テロが頻発する現代においては、戦争法である国際人道法による人道的精神は、重要な役割を果たしている。

Humanitarian は、「人道的な」「博愛の」と訳され、philanthropic（情深い、慈善の）より以上に人類の福祉の増進に関心をもつことを示す言葉とされている。

人道は、日本語として古くからさまざまな意味をもっているが、国際人道法における humanitarian の訳語として用いられることにより、人として行うべき道の意義を基調としつつ、国際的な意味をもつ言葉として新たに展開している。

三　日本の道路の管理、整備に関する論議

二一世紀初頭における日本列島の道路ストックの状況は、

	（km）	（改良率%）
一般国道	五三、六〇〇	八九・〇
都道府県道	一二七、〇〇〇	六二・六
市町村道	九七三、〇〇〇	五〇・八

で一般道路計は一、一五〇、〇〇〇㎞、人口一人当たり延長は一〇m程度である。

高速規格幹線道路の供用延長七、三四三㎞（整備計画に対する進捗率五六％）、都市高速道路の供用延長六一七㎞（基本計画に対する進捗率七五％）となっている。

また、交通輸送量のうち自動車輸送による比率は、トンキロで五四％、人キロでは六六％程度に達している。

戦後の急激な自動車文明の進展、モータリゼーションの普及に対応して、集中的に整備が行われた日本列島における道路の管理、整備について、次のような論議が行われている。

① 日本の経済社会は、高度成長から成熟段階に移行したが、道路の整備による経済的効果は、社会資本効果としても、景気変動効果としても相対的に低下しており、自動車交通は、地域環境、地球環境悪化の原因の一つであることから、新たな道路投資は抑制されるべきである（投資抑制論）。

② 道路整備の応益税として、ガソリン税、自動車税等が目的税として徴税され、道路財源に充当されているが、

○道路整備の緊急措置を要する状況は、終了したので、通常の間接税目とすべきである（一般財源化論）。

○適切な道路投資額を上回る税収額については、他の経費の財源とすべきである（転用論）。

○目的税が、道路財源として充当されないのであれば、目的税としては、廃税されるべきである（廃税論）。

○道路の整備が特に必要である地方に税源を移すべきである（地方譲与論）。

③ 有料道路制度の適切な運営のためには、資金調達、効率的経営などの面で改善の必要があり、財政投融資や公団制度の改革と合わせ、民間資金による民営化を図る必要がある。

これらの意見に対し、道路の整備水準と投資の経済的必要性、税制特に目的税の基本的あり方、有料道路制度の基本的あり方などの観点から、さまざまな論議が行われており、一部は実施されている。

二一世紀における日本列島の道路は、公共性と経済性が高度に結合した公共財、社会資本であることから、安全性、利便性、快適性とともに環境適合性を重視し、適切な財源負担により、コスト高や営利性を抑制し、着実な（落ち着いて危なげなく）管理、整備が行われることが、期待されている。

第二部　道と人びと

第一章　始皇帝の道

前三世紀、戦国時代の争乱を制覇して、天下を統一し、始皇帝を称した秦王政《せい》の「皇帝の道」について、その思想と行動を司馬遷（前一四五～八六年）の『史記』により考察する。

中国大陸の黄河の流域である中原の地に、前一一世紀、周の王室が勢力を拡げ、封建制度による支配を確立したが、諸国が会盟により覇者に率いられて争った春秋時代（前七七〇～四八一年）、弱小な国は大国に併合されて、合従連衡によって覇を争った戦国時代を経て、前三世紀半ば、秦により他の六国《りっこく》が滅ぼされ、中原の地に統一国家秦帝国が樹立される。

秦においては、前二四六年、荘襄《そうじょう》王の子政《せい》が一三歳で即位するが、韓の富商から秦の大名となった呂不韋《りょふい》が相国仲父《しょうこくちゅうふ》として国政を掌握しており、母大后がその寵姫で、荘襄王に嫁いだことから、政の実父ともされている。

政二〇歳の時、母大后の不義、関係者の謀反が密告され、関係者の極刑、大后の幽閉が行われ、呂不韋は相国を免ぜられ、蜀に移されて自殺する。

秦はすでに、強大国になっていたが、政の親政後、勢力は更に強くなり、各将軍らの奮闘により、六国を制覇し、天下は統一される。

一　統一の治世

秦は七国を統一し、秦王政は始皇帝を称して、中国古代史に帝国と皇帝が出現し、次のような施策が講ぜられる。

(1)　各国の諸候（王）による封建制を廃し、三六郡の郡県制とし、皇帝の任命による守（行政）、尉（軍）、監（司法）の官僚制を採用し、一君万民の中央集権体制を布く。

(2)　人民の武器を没収して咸陽《かんよう》に集め、溶解して鐘、銅像を作り、宮中に安置した。帝国内の擁壁は除去し、黄河を起点をし遼東に達する長域を築き、匈奴の侵入に備えた。

(3)　度量衡（おもり、ます）、文字の書体（小篆）、貨幣（銅銭、半両銭）、馬車の車幅（六尺）の統一を図った。

(4)　法制や律令の制度を初めて作り、厳格な適用を行い、文書を企画化した。「現今を師とせず、往古を学び非難する」（李斯《りし》）ことを抑制するため、民間において医薬、卜筮《ぼくぜい》、種樹に関する書籍以外の書籍を有することを禁じ、集めて焚書した。

(5)　首都咸陽に富商を集め、阿房宮（会議所）、驪山陵《りざん》（皇帝陵）を築造し、繁栄を図った。各地の交通の便を図るため道路や水路の整備を行い、駅、亭、駅伝の制が作られた。皇帝は馳道《ち》により各地に巡幸した。

この様子を『史記』秦始皇本紀は次のように伝える。

天下の豪富を咸陽に徙《うつ》すこと一二万戸、諸廟《しょびょう》及び章台《しょうだい》・上林《じょうりん》みな渭南《いなん》に在り。秦、諸侯を破るごとに、その宮室を写し放《なら》い、これを咸陽の北阪のほとりに作り、南のかた渭《い》に臨《のぞ》む。雍門《ようもん》より以東、涇《けい》・渭に至るまで、殿屋・複道・周閣あい属《つ》ぐ。得るところの諸侯の美人・鐘鼓《しょうこ》、もって充ててこれに入る。

二七年始皇、隴西《ろうせい》・北地を巡《めぐ》り、鶏頭《けいとう》山に出で、回中に過《よぎ》る。信宮を渭南に作り、すでに信宮を更命して、極朝となし、天極を象《かたど》る。極朝より道して驪《り》山《ざん》に通じ、甘泉《かんせん》の前殿を作り、甬道《ようどう》を築き、咸陽よりこれに属ぐ。この歳、爵一級を賜い、馳道を治む。

(注) 複道…道路の上に更に作った道路
甬道…外からみえないように両側に土塀などを築いた輸送路
馳道…車や馬が馳せることのできる道路、皇帝用専用道路

二　始皇帝の思想

（始皇帝の称名）

丞相綰《わん》ら曰く、「臣ら謹みて博士と議して曰く、古《いにしえ》、天皇《てんこう》あり、地皇《ちこう》あり、泰皇《たいこう》あり、泰皇、最も貴し、と。臣ら昧死《まいし》して尊号を上《たてま》つり、王を泰皇となし、命を制となし、令を詔となし、天子自らを称して朕《ちん》といわん」。王曰く、「泰を去りて皇を著け、上古の帝位の号を采《と》り、号して皇帝といわん。」制して曰く「朕聞く、太古には号ありて諡《おくり》なし。中古には号あり、死して行をもって諡となす、かくのごときは、すなわち子、父を議し、臣、君を議するなり。甚だ謂れなし。朕はこれに取らず。今より已来《いらい》、諡法《しほう》を除き、朕を始皇帝となし、後世は計数をもってし、二世、三世より万世に至り、これを無窮に伝えん」（秦始皇本紀）。

（封禅の儀）

昔から天命を受けた帝王は、太平の瑞祥が現れた時、泰山の頂上において天帝と対話するものとされ、その内容は厳重に秘せられ、記録されていない。天下統一の大業を完成し、天と威徳を同じくする皇帝として、前二一九年二回目の巡幸の際、始皇帝は封禅の儀を行う。

『史記』においては、この封禅について次のように述べている。

始皇帝封禅の後一二歳、秦亡ぶ。諸儒生は、秦の詩書を焚き文字を誅僇《ちゅうりく》せるを疾《にく》み、百《ひゃく》姓《せい》はその法を怨み、天下これに畔《そむ》く。みな譌《いつわ》りて曰く、「始皇、泰山に登るも、暴風雨の撃つところとなりて、封禅するを得ず」。これあに、いわゆるその徳なくして事を用いる者ならんか（封禅書）。

（神仙思想との出会い）

始皇帝に方士が近づき、神仙思想に出会い、真人や仙薬に憧れるようになる。

令して咸陽の傍《かたわら》二〇〇里の内の客観二七〇を複道・甬道で結び、帷帳、鐘哉、美人で充たして移徙《いし》せしめず、巡幸の処も死罪をもって秘し、群臣の決事も咸陽宮でのみ行われるようになった。方士たちはこのありさまに「権勢をむさぼっていても仙薬を求めることはできない」といって逃亡する。

怒った始皇は、「方士どもは不老長寿の薬を手に入れることができず、都に召し寄せた学者どもにしてもあやしげな言辞を弄して、人民を惑わす者もいるという」として、御史に命じて諸生（学者）を査問にかけ、互いに罪をなすりあって言い逃れをしようとする四六〇余人を咸陽において坑《あなうめ》にし、天下にこれを懲らしめとした（坑儒）。（秦始皇帝本紀）。

始皇三七年（前二一〇年）、始皇は、巡幸中の沙丘の平台において薨《こう》じ、始皇の死後、独裁や苛誅に対する反乱の気運が各地に生じ、農民陳勝《ちんしょう》・呉広《ごこう》の決起を契機に反乱は拡大し、楚の沛公（劉邦《りゅうほう》）が咸陽に入城、諸侯連合軍盟主項羽《こうう》が到着して、三世皇帝となっていた子嬰《しえい》は降伏、処刑され、秦帝国は、始皇帝即位後約二〇年、死後四年にして滅亡する。

三　始皇帝の道

始皇帝は、不幸な出生のもとで王位につき、「虎狼の心をもつ」といわれながら、天下統一の大業を成し遂げ、皇帝として大帝国を統治する。治世にあたっては、法家の法治の思想を採用し、儒家の説く徳治の思想を遠ざける。また、中国古代からの神仙思想に出会い、真人、仙薬に憧れ、絶対境を模索する。根底に、幼時における人間不信があり、伝統的な「天子の道」とは異なる独自の「皇帝の道」を探究したのではないかと思われる。

治世にあたり、七国に通ずる「大道」を建設し、駅伝を設け、統一に成果を挙げるが、「馳道」「複道」、「甬道」などの道路も作られ、長城、宮殿、陵などの築造とともに、人民への賦役賦課が甚しく、反乱、滅亡の原因となったとされる。

第二章　漢武帝の道

漢帝国においては、紀元前一〇四年、武帝が七代目の皇帝に即位し、中国古代史における輝かしい時代を築く。匈奴を征して北辺を安泰に導き、四方の異民族を服従させて、空前の大帝国とし、儒学を国学として、知識人を登用し、二〇〇〇年にわたる中国の精神文化の方向に大きな影響を与える。英遇剛毅とされる独裁君主が築いた絶対的権力機構には、さまざまな側面、「光と影」があるとされるが、前章と同じく中国の思想刊行委員会編訳『司馬遷《しばせん》　史記』（一九八八年　徳間書店刊）などにより、武帝の思想と行動、道との関わりについて考察する。

司馬遷は、漢王朝の大史令として、史記の編集に当たり、五帝から漢代に至る王朝の歴史を、本紀（一二篇）、表、書、世家（三〇篇）、列伝（七〇篇）の形で作り、『太子公書』と呼ばれ、後世において、王朝の歴史を伝える「正史」の始めとされる。

『史記』には、道に関して、「王道」「天道」「吏道」についての記述があり、天道については、「伯夷列伝」において

余、甚だ惑う。若しくはいわゆる天道、是か非か。

と述べており、司馬遷は史官の立場から「道」を幅広く模索していると見られる。

一　漢帝国の拡大

武帝の時代には、南方の兩越、西南夷や東方の朝鮮などにその版図を拡大したが、焦点は北方民族の匈奴との闘いと西域諸国への進出であった。

（匈奴との闘い）

匈奴は牧畜、狩猟を生業とし、家畜に従い、水と牧草を求めて移動し、弓術に長じ、甲冑をつけて戦士となった。

武帝は、前帝の和親策を継承していたが、紀元前一二七年、馬邑《ばゆう》の城や物産をめぐって交戦し、衛青《えいせい》将軍がオルドスの地を奪還した。紀元前一二五年には匈奴の右賢《ゆうけん》王を攻めて敗走させ、男女一五、〇〇〇余を捕虜とし、家畜数十万頭を捕獲した。

紀元前一二一年、霍去病《かくきょへい》将軍は内通の意思のあった匈奴の揮邪《こんや》王を捕らえ、降伏した匈奴は数万に達したが、武帝は揮邪王と副王に領地を与え、侯として封じて厚遇し、帰順した匈奴を辺境五郡旧塞外の地に、旧来の風俗を保持したまま、分散移住させた。これにより、隴《ろう》西《せい》、北地、上郡の駐屯部を半減させ、平和とともに天下の労役負担を軽減せしめた。

紀元前一一九年、漢は砂漠を越えて大規模な匈奴討伐を行い、単于は逃亡した。

（西域との交流）

武帝は、匈奴に攻められていた月氏国と連合して匈奴攻略を行いたいとして、使者を求めた。募に応じた張騫《ちょうけん》は、奴隷となっていた匈奴人の甘父らとともに隴西から出発したが、途中、匈奴に捕らえられ、一〇余年拘束される。妻子も得ていたが脱出し、大宛《だいえん》（フェルガーナ）に到着する。大宛は漢との通商を望んでいたため歓迎され、康居《こうきょ》を経て月氏国へ送られたが、月氏はすでに匈奴に対抗する意思はなく、連合策は失敗する。帰途再び匈奴に捕らえられるが、政乱に乗じて匈奴人の妻や甘父とともに一三年振りに漢に帰還し、大宛・大月《だいげっ》氏《し》・大夏《たいか》・康居の四ヵ国のブドウ酒、血の汗を流すという良馬などの実見と周辺国五、六ヵ国の情報をもたらす報告書を奉呈する。

西域諸国の状況が明らかになると、交流の夢を描いていた武帝は各国に密使を送るが、途中の抵抗によって失敗し、連合を求めて、副使・贈物とともに張騫一行を烏孫に派遣する。張騫は烏孫からの使者数十人と報礼の馬数十頭を帯同して帰国し、漢と西域との交流が始まり、漢の豊かな物産と西域の「天馬」と呼ばれる良馬との交易が生じるようになる。

武帝は紀元前一〇四年、李広利《りこうり》を弐師《にし》将軍に任じ、食糧を確保し、水道を遮断して、大宛の内城に迫り、牡牝三、〇〇〇頭を得て、和睦する。

四年を要した大宛遠征により、漢の西域経営は進展し、敦煌《とんこう》を前進基地として、宿駅、屯田兵が置かれ、以西にも交渉が開け、漢の勢威の範囲は拡大する。西域への交流の道は、武帝の夢により、拓かれたと考えられる。

二　武帝の治世

武帝はその統治において、官吏群を幅広く用いて、功業を進めた。

（儒者の採用）

武帝は即位ののち、かねてから関心のあった儒学を治政に取り入れることとし、儒者の登用を行ったが、公孫弘《こうそんこう》が「春秋《しゅんじゅう》の義」に則った「臣道」を鼓吹して、治政に参画する。

公孫弘は丞相を務めること五年、武帝の信任が厚かった。大人の風格があり、見聞も広く、「君主は度量をもつように努め、臣下は慎しさを旨とせねばならぬ。」とし、自ら慎しさを実践した。

董仲舒《とうちゅうじょ》は、賢良を国家の統治の基本とする方針を開陳する。君権による国家統一、君主を頂点とする中央集権的な階級の確立、君臣の分を明らかにした「礼」による扶序の編成を目標とするが、天命に従わない君主には命を革《あらた》める革命があるとして、君主権を抑制する。

董仲舒の「賢良」による対策が採用され、儒学は国家公認の教学となり、「太学《だいがく》」の制度が設けられ、専門の五経博士が講義し、国家の高級官僚は儒教的学問の修得者に限られる。儒学による国家の教学の体制は、のちに科挙の制が作られ、中国史上二、〇〇〇年に及ぶ。

（経済政策の試み）

紀元前一二〇年、中原一帯の水害による民衆の飢餓を救うため、貧民の移住、資金の貸付が行われたが、国家の財政を圧迫する。版図の膨張に伴う戦費などの調達に悩んでいた武帝は、幣制（白鹿皮幣、白金貨幣）の改革とともに、製塩、製鉄事業の国営化を行った。斉《せい》の製塩業者東郭咸陽《とうかくかんよう》、南陽の製鉄業者孔僅《こうきん》を大農丞（経済次官）に、商家の息子桑弘羊《そうこうよう》を秘書官に命じ、その献策により、民間の有志を募り、器具を貸与して自費で生産させ、国家が一手に買い上げる専売の制度を作り、地方の製塩、製鉄を行う資産家を官吏に任命した。

大司農となった桑弘羊は、競争的な買付による価格や運搬経費の高騰の弊害に対応し、「平準《へいじゅん》の法」「均輸《きんゆ》の法」を活用して、塩鉄官と均輸官により、諸官の物品買付の一括的管理を行い、物価の安定を図った。

一連の経済政策により、国家財政は好転し、戦費の調達、皇帝の巡幸、封禅の儀などの費用の拠出などに成果を挙げるが、粗悪物資（塩・鉄）の横行、価格の騰貴などにより経済は混乱し、告緡令《こくびんれい》の苛酷な運用によって、中産階級は没落し、農村は荒廃したとされる。

（酷吏の弾圧）

武帝は法治の思想を用いて、地方における豪族の抬頭を押さえる方針を採ったが、重要な役割を演じたのが「酷吏」と呼ばれる一群の司法官僚であった。

代表格である張湯《ちょうとう》は、淮南王の謀反を厳しく裁いて武帝の信任を得、御史大夫に就任し、「見知《けんち》の法」（法を犯した者を見逃す罪）、「腹誹《ふくひ》の法」（腹の中で非難する罪）や、苛酷な査問の方法を作り、王侯、役人、富商を摘発し、恐れられたが、王侯との紛争のなかで自殺する。部下であった王温舒《おうおんじょ》、杜周《としゅう》らにより法の網の目は細密になり、適用は厳しくなる。

王温舒は「沈命《ちんめい》の法」を定め、族刑を拡大して適用した。杜周は帝の意向が今の世の法であるとして査問を行い、断罪された者は一〇万人を超えたとされる。

これらの酷吏達は帝の信頼を得て、法万能の世界を築いたが、独断により自殺に追い込まれた者も多く、栄達築富したものもあり、明暗は「酷吏列伝」に述べられている。

武帝の治世は統治、経済、司法に優秀な官吏を登用し活躍させ、漢帝国における天子の道を志向し、封禅の儀も行ったが絶対君主の光と影の側面も生じているとされる。

第三章　使徒パウロの伝道

一世紀エルサレムにおけるイエスの受難と復活により、イエスをキリスト（救世主）とするキリスト教が興り、多くの使徒によって布教が行われ、迫害や殉教があり、四世紀にはローマ帝国において、国教とされる。

ユダヤ人の律法の徒から、回心してイエスの使徒となり、宣教旅行において迫害を受けつつ、キリストの恵みを異邦人に説き、ローマにおける弾圧において殉教したとされる使徒パウロ（ヘブル語名：サウロ）の伝道について、井上洋治氏『キリストを運んだ男』（一九八七年講談社刊）などを参考とし、『聖書』の「使徒行伝」と書簡により考察する。

パウロの出生については、自身が「ピリピ人への手紙」において次のように述べている。

　私は八日目の割礼を受け、イスラエル民族に属し、ベンヤミンの別れの者です。きっすいのヘブル人で、律法についてはパリサイ人。熱心さは教会を迫害したほどで、律法による義においてならば、非難されることのない者です。

「律法」は、ユダヤ教の信仰において、神ヤーウェがモーゼという人物を通じて人々に与えた生活指針であり、ユダヤ人の男子は、生後八日目に陰茎の包皮を環状に切り取る「割礼」を受け、五歳となると会堂づきの学校でモーゼの律法を学ぶことが義務づけられている。

一　パウロの回心

パリサイ派は、律法を命がけで守り、神ヤーウェの意志がイスラエルの民の間に行われることを願う集団を指すもので、一般大衆を「地の民《アム・ハ・アーレツ》」と呼び、厳格に区別した。

パリサイ派の律法の徒であるパウロの回心について、「使徒行伝」は次のように述べている。

　道を急いでダマスコの近くにきたとき、突然天から光がさして、彼をめぐり照した。彼は地に倒れたが、その時「サウロ、サウロ、なぜ私を迫害するのか」と呼びかける声を聞いた。彼は「主よ、あなたはどなたですか」と尋ねた。すると答えがあった。「私はあなたが迫害しているイエスである。さあ、立って行きなさい。そうすれば、そこであなたのなすべきことが告げられるであろう。（使徒行伝第九章第四節）

サウロは、目を開けてみたが何も見えなかった。同行者たちは、手を引いてダマスコへ連れて行ったが、三日間飲食をしなかった。

ダマスコのイエスの弟子アナニアは、イエスから、「立って『真っすぐ』という名の路地を行き、ユダの家でサウロというタルソ人を尋ね、彼の上に手を置いて再び見えるようにしてあげなさい。彼は祈って待っている」「その人は、異邦人たち、王たち、またイスラエルの子等にも、わたしの名を伝える器として、私が選んだ者である」と告げ、命ぜられたアナニアは、ためらいつつも、手をサウロの上に置き、「兄弟パウロよ、あなたがくる途中で現れた主イエスはあなたが再び見えるようになるため、聖霊に満たされるようになるため、わたしをここにお遣しになったのです」と告げた。するとたちどころに目からうろこのようなものが落ち、元どおり見えるようになった。彼は立ってバプテスマ（洗礼）を受け、食事をとって元気になった。

キリスト教では、回心《かいしん》は、過去の罪悪を悔い改めて正しい信仰へ心を向けることとされ、パウロの回心は、神の啓示（神が人の心をひらいて真理を示す）という言葉で表現することができ、「律法に忠実、熱心でも神と出会い、相対化されないもどかしさが感ぜられたおり、ステバノの殉教において、生命がけのイエスの悲愛《アガペー》の精神にぶつかり、突如としてキリストの悲哀がパウロの全存在を支配するようになった。」（井上洋治神父）とされる。

二　パウロの布教の旅

回心後のパウロは、エルサレムで使徒たちの仲間に入り、会堂に出入りし、主の名においいて大胆に語り、ギリシャ語を使うユダヤ人たちとしばしば語り合い、また感じ合ったが、彼を殺そうと狙っている者があり、兄弟たちはパウロをカイザリアに連れて行き、故郷のタルソに送り出した。

ヘブライスト（ヘブライ語を話すユダヤ人キリスト者）とヘレニスト（ギリシャ語を話すユダヤ人キリスト者）の対立の中で、異邦人への福音を述べるパウロの宣教が始まる。

第一回宣教旅行は、主としてアジア地方でベルナベとともにアンティオケではユダヤ人たちから迫害、追放を受け、ルステラではパウロの石打ち事件が起こる。

四八～九年頃、パウロとバルナバは、エルサレムで行われた使徒の会議に赴き、ヘブライストたちを中心とするエルサレムの教会と異邦人キリスト者たちを多数かかえたアンティオケの教会との布教の方針の対立についての話し合いが行われ、パウロたちの割礼、律法の遵守なしに異邦人をキリスト者とする伝道が認められたが、偶像に供された肉など四項目の禁止と異邦人の教会からエルサレムの教会への寄付が約束されたといわれる。

パウロらは、ヘレニズム文化圏、地中海地域で二回目の布教活動を行う。ピリピ、テサロニケ、ヴェリア、アテネ、コリントで、迫害、無視、援助、協力に出会う。

五三年春頃、アンティオケから第三次伝道旅行に出発し、二年間をエペソの町で過ごし、重要な書簡類を書き、思想と表現を明確にする。

三ヵ月のコリント滞在ののち、エルサレム教会へ寄付のため赴くが、ユダヤ人達は、神殿内に異教徒を連れ込んだとして迫害し、リンチを加えようとするが、ローマ兵によって助けられ、カイザリアのローマ帝国の総督の監視下におかれる。

パウロは、ローマ市民権により皇帝に上訴し、ローマに護送されるが、舟は難破、漂流し、マルタ島を経てローマに着き、歓迎されたとされ、「使徒行伝」は、次の文章で終わっている。

パウロは、満二年間自費で借りた家に住み、たずねてくる人たちを皆迎えて、大胆に、少しも妨げられることなく、神の国を宣べ伝え、イエスキリストのことを伝えた。

その後のパウロについては、史料的にも明確でなく、スペイン、小アジアに行っていたとされるが、六四〜六八年頃のローマ帝国によるキリスト教の弾圧により、ペテロとともに殉教したことは確実であるとされる。

埋葬されたとする墓は、時代により移されたが、一八五四年設立のローマ市内の四大バシリカの一つである「サン・パウロ・フォリ・レ・ムーラ」の地点であるとされる。

三　パウロの伝道

パウロの宣教旅行は、第一次旅行においては、セルキャ、アンティオケなどのアジア地域における古代の「王の道」を、第二次旅行においては、アグナティア街道などの古代ローマの道を、第三次旅行においては、主として海路を通ったものと推定されている。

パウロの伝道は、信者たちに迷惑をかけることを避けて、伝統的な天幕職人の技術を活かし、貧しい生活のなかに行われたとされており、陸路は、徒歩で荷を運ぶロバを連れていたのではないかと考えられている。路上で追いかけられ、石打ちなどの迫害を受けている。

パウロは、回心以来、殉教に至るまでの生涯をキリスト教の伝道に捧げたが、各地の布教は、イエス・キリストの福音、神による救いの恵みを、異邦人に述べるとともに、回心者パウロの使徒としての立場と使命を伝えるものであったと考えられている。

パウロは、その民を悲惨な状態のままに捨ておかず、最後の審判に臨んで神の国の支配を確立して、民を救う「神の道」、イエスが罪を購い、悔い改めて神の国を信じ、受け入れることを奨める「主の道」を宣教した。パウロの道は、回心の折、イエスの使いアナニアにより伝えられた主のお召しが、使徒としての「道」と意識されていたと思われる。

第四章　大鷦鷯皇子《おおさざきのみこ》（仁徳天皇）のひじりの道

四～五世紀の頃の日本においては、弥生式文化の末期から古墳時代に移行して経済社会の発展が進み、統一王朝が成立し、南朝鮮に進出し、中国大陸に朝貢などの交渉がもたれた。

大和の朝廷において、誉田天皇《ほむたのすめらみこと》（応神天皇）から皇位を継承した大鷦鷯皇子の生涯と治世の道について、井上光貞氏『日本の歴史Ⅰ　神話から歴史へ』（昭和四〇年　中央公論社刊）を参考とし、岩波文庫版『日本書紀』（坂本太郎氏ほか校注二〇〇三年刊）と新潮日本古典集成『古事記』（西宮一民氏校注、昭和五四年　新潮社刊）により考察する。

四世紀の日本は、各地の氏族の争いのなかから、国土を統一した王朝が成立する。誉田天皇を祖とする「応神王朝」が興起した時代とされ、朝鮮半島から、思想や技術が伝来し、池、水路の灌漑による農耕が普及し、鉄製の工具、農具、武具の製作により、農工業の生産力や軍事力が向上する。

朝鮮半島を通じて、漢字を初めとする漢文化思潮が導入され、口語の表字化が進み、儒教思想が浸透し始める。

大鷦鷯皇子は、このような時代に生き、古事記においては下っ巻の人皇の最初とされ、書紀においては、中国思想による聖帝として描かれ、宋書における「倭の五王」の最初の王「讃」に擬せられ、後世の漢風諡号においては「仁徳天皇」と尊称される。

一　大鷦鷯皇子の出生と即位

大鷦鷯皇子の出生については、書紀において

大鷦鷯天皇《おおさざきのすめらみこと》は、誉田天皇（応神天皇）の第四子なり、母をば仲姫命《なかつひめのみこと》と曰す。五百城入彦皇子《いおきいりびこのみこ》の孫なり。天皇、幼くして聡明《さと》く叡智《さか》しくましします。貌容美麗《みかたちみすがたうるわ》し。壮《おとこざかり》に及りて、仁寛慈恵《めぐみみうつくしび》ましします。（応神紀）

とされている。

誉田天皇崩御の後、太子《ひつぎのみこ》と定められていた菟道稚郎子《うじのわきいらつこ》は、位を大鷦鷯皇子に譲るとして即位せず、大鷦鷯皇子も

固く辞《いな》びたまひて承けたましずして、各々相譲りたまふ。

皇位の譲り合いは三年続き、菟道稚郎子は、「我兄王の志を奪うべからざることを知れり、豈久しく生きて、天下を煩さんや」として自ら死ぬ。大鷦鷯皇子は、驚き、難波より馳せて三日、古来の招魂の法とされる髪を解き、屍に跨りて三たび呼び、

悲しきかな、何の所以に自ら逝きます、若し死りぬる者、知《さとり》あれば先帝、我を何謂《いかがおもほ》さむや

と呼びかけ、太子は

天命《いのちのかぎり》なり。誰が能く留めむ。天皇の御所《おおみもと》に向《まうでいたる》ることあらば、兄王の聖にして、譲《ゆず》りますことを奏《まう》さむ。聖君の遠路を労《ねぎら》って、同母妹《いろも》八田皇女《やたのひめみこ》を進《たてまつ》り、納采《あと》ふるに足らずいえども、僅かに掖庭《うちつのみや》（後宮）の数に充《つか》ひたまへ

とのたまいて、棺に伏して薨りしぬ。（即位前紀）

二　大鷦鷯天皇の治世

大鷦鷯皇子は、即位し、難波に高津宮《たかつのみや》を作るが、宮垣室屋《みかきおほとの》を堊色《うわぬり》せず、たるき、はしらは飾らず、かやも切り整えない。

即位後三年、高台に登って烟《けむり》の起たないのを見て、五穀登《みの》らず、百姓窮乏しているとして三年間悉く課役《えつき》を除《や》めよと詔し、宮の衣食住を節倹する。

三年後、高台に登り、烟気立つのを見て、百姓富めるは、朕が富めり。我富み愁《うるへ》なしとして、さらに三年課役を免ずる。

六年目に宮室を作るが、百姓の老幼機《き》材を運び簣《こ》を負い、日夜を問わず力を竭《つく》して競い作り、幾時を経ずして宮室成り、聖帝《ひじりのみかど》と称《ほ》める。

治世に取り組み、

長雨による海潮《しお》の逆上りを防ぐため、難波の堀江、茨田堤《まむたのつつみ》等を築く。大溝《おおうなで》を掘りて田に潤《つ》く。
猪甘津《いかいのつ》に小橋を作り、京に大道《おおじ》を作る。
鈴鹿、豊浦の郊原《はら》を潤《つ》け、墾《ほ》りて、四万余頃《しろ》の田を得る。

などの治績を残す。

書紀巻十一（仁徳紀）は、

夙《つと》と興《お》き、夜《おそ》く寝《い》ねまして、賦《みつぎ》を軽くし、斂《をさめもの》を薄くして、民萠《おほみたから》を寛《ゆる》やかにし、徳《いきおひ》を布《し》き、恵《うつくしび》を施して、困窮を救ふ。死を弔ひ、疾《やむもの》を問いて、孤孀《やまをやまめ》を養ひたまふ。是を以て、政令流行《しきなが》れて、天下大いに平《たひらか》なり、二十余年ありて事なし。

で結ばれ、中国古典の准南子の修務訓の例により聖天子として描かれているとされる。

三　愛と歌謡

大鷦鷯天皇は、古代の王らしく、家系の繁盛を含めて数多くの女性を愛し、その愛を歌謡に歌っている。

若年の頃、父応神天皇に奉られた諸県君牛諸井《もろかたのきみうしもろい》の髪長媛を見てその形の美麗さに感《め》でて恋《しの》ぶ情《こころ》をもち、父帝の配慮により配され、慇懃《ねんごろ》に得交《まぐわい》し、

道の後《しり》、古波陀嬢子《こはだをとめ》、争わす、寝しくをしぞ、愛《うるは》しみ思ふ（道の後は果て、古波陀は日向の地名か）

吉備《きび》の海部の直の女黒日亮《くろひめ》が、皇后の妬みにより、帰郷の船から下ろされるが、天皇は追って吉備に御幸し、父・娘と饗宴し、贈歌する。

山がたに　蒔ける菘菜《あをな》も　吉備人と　共に摘めば　楽しくもあるか（古事記）

天皇は、八田皇女を妃とするを乞いて、皇后に歌を贈るが、皇后は使や乗輿にも還らず、遂に奉見することなく、天皇は、皇后の大きに忿るを恨みたまふという。

大鷦鷯天皇の女性への愛は多彩であるが、古事記の校注者西宮一民氏によれば、「ひじり」は元来「日知り」で、古代農耕社会の生活においては、自然暦を知る人で指導者であったが、統治を行う天皇の場合には、豊饒の予祝として幾多の女性と関係を持つことが、有徳であった。黒日亮の場合は、吉備の国の服従を表す儀礼、八田皇女の場合は、高貴の人との聖婚儀礼を示すもので、初の人臣立后の葛城氏出身の磐之媛の抵抗にも限界があったとされる。

四　大鷦鷯皇子のひじりの道

大鷦鷯皇子は、聡明、叡智、美麗の人であり、壮にして仁寛慈恵の人とされる。皇位につくことにより、氏族を統合し、農耕社会における日知り指導者的天皇の「ひじりの道」を歩むとともに、治世に仁政を布き中国思想における有徳の天子の「聖の道」を歩いたとして描かれる。

皇位の護り合い、長年の課役の免除、聖帝としての評価などは、中国文献による後世の潤色が強いとされるが、神祇から徳治へと統治思想が変化しつつあったことは、倭の五王の最後の武（雄略天皇とされる）が、「宋書」に残された上表文において、先王たちにより王道による統治が行われていると述べていることによって推定される。

大鷦鷯皇子にとって、菟道稚郎子の死を聞き馳せた難波から宇治への道、黒日亮を追っての吉備国への国見の御幸の道は、それぞれ「ひじりの道」であったと思われる。

第五章　厩戸豊聡耳皇子《うまやとのとよとみみのみこ》（聖徳太子）の聖徳の道

六世紀頃の古代日本には、インドに興り、中国において漢訳された仏教が伝えられ、その受容をめぐって朝廷における論議が激しく対立し、氏族が崇仏派と排仏派に分かれて抗争し、内政は極度に混乱する。

仏教の受容を軸に混乱した内政の改革、緊迫する国際情勢への対応に、皇太子《ひつぎのみこ》として、重要な役割を果たし、後に「聖徳太子」と尊崇讃仰された厩戸豊聡耳皇子（五七八～六二二年）の生涯の思想と行動、特に聖徳について、『日本書紀』により考察する。

厩戸豊聡耳皇子の出生について、書紀には次のような記述がある。

元年春正月壬子《みずのえね》の朔《ついたち》、穴穂部間人皇女《あなほべのはしひとのひめみこ》を立てて皇后とす。是四《よたり》の男を生れます、其の一《ひとり》を厩戸《うまやとの》皇子《みこ》と曰《もう》す。更に名けて豊耳《とよみみ》聡聖徳《としょうとく》といふ。
生まれましながら能く言《ものい》ふ。聖《ひじり》の智《さとり》有り。壮に及びて、一《ひとたび》に十人《とたり》の訴を聞きたまひて、失《あやま》ちたまはずして能く弁《わきま》へたまふ。兼ねて未然《ゆくのさきのこと》を知ろしめす。且、内教《ほとけのみのり》を高麗《こま》の僧慧慈《えじ》に習ひ、外典《とつふみ》を博士覚哿《はかせかくか》に学び給ふ。並《ならび》に悉《ことごと》くに達《さと》りたまひぬ。父の天皇、愛《めぐ》みたまひて、宮の南の上殿に居らしたまふ。故、其の名を称えて、上宮厩戸豊聡耳太子と謂す。

一　皇太子摂政

内政の混乱のなかに敏達《びたつ》天皇の皇后であった額田部皇女《ぬかたべのひめみこ》（欽明天皇女）が即位して、推古天皇となり、厩戸豊聡耳皇子（用明天皇皇子、欽明天皇孫）が皇太子（以下「太子」という。）として、万機を委ねられる。

太子は、万機を委せられた立場において、次の三つの方策を講ずる。

（統治制度の改革）

古代日本において伝統的となっていた天皇の神祇祭祀と氏姓《うじかばね》制を基盤とする氏族統治体制は、内外における多岐にわたる情勢の変化に対応する能力を次第に失いつつあったが、仏教の受容をめぐる群臣の論議において、崇仏・排仏の氏族間の抗争が激化し、皇子や氏族の暗殺や争乱があり、遂には統治者である天皇が弑され、統治体制は崩壊に近い状態にあった。民心の安定のため統治制度の改革は急務であり、内政の改革として、六〇三年、冠位《かうぶりのい》十二階制の実施と憲法《うつくしきのり》十七条の著作が行われ、従来の氏姓制は存続させつつも新官人群の編成が行われ、権能と責任を移行させて、統治の安定が図られる。

冠位十二階制における新官人群の冠位は大小に分けて、徳・仁・禮・信・義・智の語が用いられ、儒教思想の「五常」の徳目が見られる。具体的任命は地域的には畿内を、階層的には職能を中心に行われ、書紀には大仁鞍作鳥《たいにんくらつくりのとり》（仏像制作）、大禮小野臣妹子《たいらいおののおみいもこ》（遣隋使、後の大徳《だいとく》）などの名が伝えられる。

憲法十七条は新官人群のよるべき職務的規範として、道徳性、倫理性に基づいて作られ、「和を以て貴《たっと》しと為《な》す」の和の理念により統合の方向を示すとともに、儒教思想による普天率土の統治思想の「礼《みやび》を以て本《もと》とせよ」と仏教思想の「篤く三宝《さんぽう》（仏《ほとけ》・法《のり》・僧《ほうし》）を敬《うやま》へ」を基本とする。具体的な新官人群の具うべき徳目を掲げて、臣《やっこ》の道としての聖像を説定し、「克《よ》く念《おも》ひて聖を作《な》る」（七条）ことを求めている。

（対隋外交の展開）

古代日本は朝鮮半島三国（百済、新羅《しらぎ》、高句麗《こうくり》）との間に、長い軍事的対立と社会的・文化的交流の錯綜する歴史を有していたが、新たに中国大陸に成立し、強大化しつつあった隋王朝には漢文化圏の流入に加えて、強大な武力を背景としての軍事的介入の懸念があり、新たな外交関係の展開が必要とされていた。

二度にわたる小野臣妹子などの遣隋使の派遣、大唐の使人裴世清《はいせいせい》の来朝を経て、礼を重視した交渉が行われ、留学生の派遣などの安定的、友好的な外交関係を構築する。推古紀には、国書の内容、取り扱いについての難航する経緯が述べられている。

（三宝の興隆）

仏教は、福徳果報と無上菩提を得る普遍的真理であり、国際的に弘通しているとして、日本へ伝えられ、古来の社会的・文化的思想に比較して、新鮮、高度、深遠に感じられ、伝統的な文化基盤にどのように受容するかが課題であったと思われる。

五九四年、三宝興隆の詔が発せられるが、太子は仏像の制作、仏寺の建立、講経、製疏を行っている。仏像の制作、仏寺の建立は仏の荘厳を示し、衆生である万民の仏法への帰依を広めるために行われ、国家として造立した釈迦如来坐像（飛鳥大仏）のほか、数多くの仏像が制作され、太子建立の寺として、四天王寺、法隆寺など七寺が建立されている。講経、製疏は仏教教理を弘通するために行われ、太子は天皇の請に応じて、『勝鬘経《しょうまんきょう》』を三日間で、『法華経《ほけきょう》』を岡本宮で講じたとされる。また、法華義疏《ぎしょ》、勝鬘経義疏、維摩経《ゆいまぎょう》義疏の三経義疏を著して、聖徳を要《かなめ》として法身、解脱、般若の三徳であると論じている。

二　太子における聖徳の思想

太子は仏教の国家的受容を軸に、内政制度の改革、大陸の外交の展開、三宝の興隆の方策を講じたが、思想的基盤として、聖や聖徳についての三つの考え方があったと思われる。

第一は、古代農業社会に生まれた日知《ひじ》り的統治者と見られる天皇に関わる聖徳の考え方であり、神祇祭祀により政事を行う天皇が、氏姓制による形態により、伝統的に継承していた。

第二は、中国において伝統的となった普天率土の統治思想における聖天子の聖徳であり、儒教思想による君主の徳として、古代日本にも伝えられていた。

第三はインドに興り、中国において漢訳された経典により、朝鮮半島を経て、普遍的真理として日本に伝えられた仏教における聖徳であり、無辺無量の仏徳として説かれる。

太子は、統治における聖徳を儒教思想による聖天子の聖徳と仏教思想による仏の聖徳によることとし、この二つの聖徳を合わせて、臣の道として志向し、実践する聖像を設定し、そのあり方を新官人群の規範である憲法十七条に説いている。

また、万民の信奉する普遍的真理としての聖徳を仏徳に求め、三宝興隆、仏法弘通のため、仏像、仏寺の造営、講経、義疏の著作を行っている。

太子は、皇太子攝政として、天皇を継承し、代行する立場にあったが、神祇祭祀の詔により百官を率いて拝礼を行いつつも、神祇祭祀と徳による政事を行う天皇の聖徳の思想を離れ、統治思想としての聖天子の思想、普遍的真理として仏徳の思想を選択した。

いわば古来の天神の道から伝来の儒の道、仏の道に強く傾斜しており、混乱した現実からの要請、万民の救済への志向のための時代の様相に適応するための方策とはいえ、重要な思想的変革であったと思われる。

三　太子の聖徳の道

推古紀二一年の項に、「難波《なにわ》より京《みやこ》に至るまでに大道《おおじ》を置く。」とあり、新しい山辺の京飛鳥と海辺の重要な港都・難波を結ぶ道路で、竹内峠を越える街道とされる。半島や大陸との交流にも重要な役割を果たしたであろう。

太子の在世中の外征や国見の記録は見られず、太子は聖の智の人であったと考えられ、太子の聖徳の道は、皇統が神の祭祀を司る天神の道、中国大陸から伝えられた普天率土の天子の道、インドに興った万民救済の普遍的真理にしての仏の道のそれぞれの聖徳についての攝政としての選択にあったのではないかと思われる。

「天寿国繡帳《てんじゅこくしゅうちょう》」（法隆寺釈迦三尊像光背銘）には、太子が妃に語った「世間虚化、唯仏是真」の言葉が残されているとされる。

第六章　預言者マホメットのイスラームの道

七世紀初め、アラビア半島の灼熱の砂漠の遊牧民の生活文化のなかから生まれたイスラームは、宗教的にはアラブの民族宗教から世界宗教へ、政治的には、アラブ帝国からイスラム帝国へと発展し、各地の文化と融合して独自の文化が創造され、現在一〇億人を超えるイスラームの教徒が世界中に生活しているとされる。

イスラーム以前のアラビア半島では超自然的、呪術的なアミニズム信仰が盛んで、偶像として祀られ、聖域《ハラム》が定められ、神殿が造られ、まわりを廻る巡回《タワーフ》の儀礼、犠牲獣を生贄にして捧げる祭礼儀礼が行われていた。五世紀クライシュ族の英雄で族長であったクサイイによる偶像の一括管理により信仰の広域化が進み、巡礼のための食糧や水の確保に意を用い、ルートの保持に努め、聖域はカアバ神殿を含む一定の区域で、戦闘、殺傷、狩猟が禁止される暗黙の了解のもとで、三六〇の偶像神が祀られたという。

神の召命によりイスラームを創始したマホメット（五七〇年頃〜六三二年）の預言者の生涯における思想と行動と道との関わりについて、嶋田襄平氏『イスラム教史』（一九七八年　山川出版社刊）、坂元勉氏『イスラーム巡礼』（二〇〇〇年　岩波新書）などにより、メッカへの巡礼を中心に考察する。

一　マホメットのイスラームの創始

マホメット（Muhammed）は、五七〇年頃、アラビア半島のメッカの遠隔地通商を業とするクライシュ族のハーシム家に生まれ、父母ともに早世したため、祖父、叔父に養育され、長じて商業に従事し、誠実な人《アミーン》と呼ばれ、尊敬されていたとされる。二五歳の時、一五歳年上の富商の未亡人ハディージャと結婚し、四人の女子を残す。六一〇年、メッカ郊外のヒーラの洞窟において、唯一の神アッラーフの啓示（召命）を受け、ラスール＝アッラーフ（神の使徒）としての自覚を抱き、預言者としての新しい生涯が開始される。

六一四年には大衆伝道に踏み切り、七〇余名が信者となったが、多神教の信仰のもとで商都の機能が発揮されていたメッカの大商人、部族民は、唯一神を説くマホメットを異端とし、激しい精神的肉体的迫害を加えた。

六二二年九月、弟子達とともにメッカを脱出し、ヤスリブに至り、信者（かつてメッカへの巡礼者）達の歓迎を受ける。マホメットの移住《ヒジュラ》（聖遷）とされ、メッカからの脱出者、遊牧民でイスラームに改宗した者はムハジルーンと、メディナのアラブでイスラームに改宗した者はアンサールと呼ばれ、唯一の神アッラーフを究極の主権者、預言者マホメットを地上における代理人と認めるイスラーム教徒による宗教共同体ウンマが構成される。

マホメットは、脱出、改宗により貧窮したムハジルーンの生活を保障するため、アンサールと擬制の兄弟関係（同胞）を結ばせ、扶養させるとともに、遊牧民にとっては、合法的で名誉ある生活手段であるとされる隊商の襲撃掠奪をクライシュ部族に対して行い、積荷やラクダを戦利品として奪い、捕虜を奴隷として売り、釈放により身代金を得る行為で六二四年、バドルの闘いの勝利により多大な身代金を得る。

メディナ付近のハンダク（塹壕）の戦いではユダヤ教徒との連合軍の攻撃をしのぎ、近隣などの部族を叫合して六三〇年クライシュ族の安全を保証してメッカに無血入城し、偶像を自らの杖で破壊した。

アラブ諸部族は、続々と遣使して、盟約服従した。盟約による宗教的義務は礼拝とザガート（喜捨）であったが、征服後のイスラーム法では、サダカ（家畜の一定割合）、ウジュル（なつめやしの一〇分の一）が課されていたとされる。

マホメットは、盟約集団を個別的にメディナのウンマと結びつけ、ジャマーアとしたが、後にイスラーム国家を意味することとなる。ウンマとジャマーア全体を結びつける理念は、ズイマ（安全保障）であり、信仰共同体、戦士共同体から支配者共同体へ変化している。

メッカへの「別離の巡礼」を終えたマホメットは六三二年メディナで逝去する。

マホメットの死後、ムハジルーンとアンサール、イスラームと異教徒、他の諸民族の対立のなかで、抗争と征服を繰り返しつつイスラームは発展し、政治的にはアラブ帝国、イスラム帝国として拡大し、イスラム法学、イスラム神学も分派をしつつ展開する。

二　イスラームの教理　六信五行

イスラームの教徒は、六信といわれる信仰内容を信じ、五行といわれる実践的義務を果たすべきものとされる。六信は、唯一の神アッラーフ、天使、コーラン、預言者《ナビ》、来世、宿命を信ずることであり、五行は、信仰の告白、礼拝、断食、喜捨、巡礼とされる。

アッラーフは「我は唯一の神。されば我に仕え、心に念じて礼拝せよ」と啓示され、全知全能の創造主であり、被造物たる人間は、神の恩寵によるものとされる。

コーランは、マホメットに下された神の啓示の記録であるとされる。

神は多くの預言者を世に送ったが、アダム、イブ、ノラ、イブラーヒム、モーゼ、イエス、マホメットを偉大なものとし、マホメットは最後の最も偉大な預言者であるとされる。

来世は、現世の連続であり、最後の審判の日にアッラーフにより、天国における祝福と地獄《ジャハンナム》の責苦の別が生ずると説かれる。

信仰の告白は、「アッラーフの他に神はない。マホメットはその使徒である」の聖句を信じ絶えず唱えることをいう。

礼拝《サラート》は、最も重要な実践であるとされ、神との交通の唯一の方法であり、心の浄化を図る手段であるとされ、一日五回の時と平伏《スジュード》の形式がコーランに規定される。

喜捨《ザガード》は、神への報恩のしるしとして教団に経済的に援助し、公の義務を果たすものであるが、イスラム法のものでは、救貧税の性格を有し、物や割合が次第に制度化される。

メッカにあるカアバ宮殿は、人類のために初めて建てられた家であり、巡礼はアッラーフに対する神聖な義務であるとされる。

三　イスラームの巡礼

マホメットは、六三〇年の無血入城の時、従来からの偶像神を自らの手で破壊し、さらに六三二年四万人のメディアのムフリムが参加した「別離の巡礼」で最後の説教を行い、これにより、イスラームの巡礼の方式が定着することになる。その次第は、

イ　聖域への五つのミーカートから入り、巡礼衣に着替え、清浄な状態ムフリムに入る。

ロ　カアバ神殿で黒石に触れて神の恩恵に浴し、左回りに渦を巻くように七回廻り、次にサファアとマルサの丘の間約四〇〇mを早足で三回半往復し、ザムザムの泉の水を飲み、建設者イブラーヒム、妻ハージャルを偲ぶ。

ハ　八日目の朝までにメッカを発ち、慈悲のラフマ山に登り、山頂において各自「立礼の儀」を行う。

ニ　一〇日目の夜明けの礼拝のあと、ミナーの谷間において各自七箇の石を谷間に立つ石柱に向かって投げ、偶像崇拝に引き戻そうとする悪魔の誘惑を振り切る。

ホ　巡礼者が用意した羊、山羊、ラクダなどの動物を神に捧げる犠牲祭が行われて巡礼行事は終了し、ムフリムが解かれ、ミラーの谷間での饗宴が行われる。

巡礼を終え、それぞれの故郷へ帰った人々はハーッジュと呼ばれ、神秘的体験に憧れ、あやかりたい人々から歓迎され、尊敬され、メッカ巡礼の情報も広く世界に伝わる。

イスラームの拡大に伴い、巡礼ルートは広域化し、バグダード、カイロ、ダマスクス、タツイズが隊商の基地となり、巡礼と交易の両面からルートは繁盛する。

メッカへの巡礼の道は、マホメットへの道であり、イスラームの道であると思われる。

第七章　遊行《ゆぎょう》上人一遍智真《いっぺんちしん》の念仏の道

一二世紀からの日本の社会は古代から中世への転換期を迎える。貴族を中心とする王朝政治の体制は崩れ、武士階級が新秩序の担い手となり、末法意識の高まりを背景に、仏教思想の革新運動が起こる。鎌倉新仏教が興起し、実践的な布教活動が展開し、浄土門では、法然により専修念仏が提唱され、念仏往生が衆生救済の民衆仏教として広まる。一三世紀後半、賦算《ふさん》と踊りによる念仏勧進のため全国各地を廻国遊行し、「遊行聖《ゆぎょうひじり》」と呼ばれ、時宗の祖とされる一遍智真（一二三九〜一二八九年）の生涯における思想と行動、道との関わりについて、大橋俊雄氏『一遍』（昭和五八年　吉川弘文館刊）などにより考察する。

一遍智真は、延応元年（一二三九年）、伊予国に河野水軍の将河野家の一族である河野《こうの》七郎通広《みちひろ》の子（幼名松寿丸）として生まれ、母との死別に伴い、一〇歳で出家し、九州太宰府の近くで、聖達《しょうだつ》上人に西山義《さいざんぎ》を学び、「天性聡明にして幼敏ともがらに過ぎた」とされる。二五歳の時、父の死とともに故郷伊予国へ帰り、家督を相続するが、身近な親類に争いがあり、在俗生活は平穏ではなく、再び出家したと伝えられている。

一遍智真の遊行に関する資料としては、弟子聖戒《しょうかい》、法眼円伊《えんい》などによる『一遍聖絵』、宗俊編集による『一遍上人絵詞伝』が残されており、一遍智真の生涯を伝えている。

一 一遍智真の念仏遊行の生涯

再び出家した智真は、信濃国善光寺に参籠して帰国後、深山に閑室をかまえ、自ら善光寺で図した二河の本尊の絵を掛け、三年間もっぱら称名念仏し、「十一不二」の偈を感得する。さらに菅生の岩屋で弟聖戒とともに苦心練行し、捨聖に徹する信念をもち、故郷を出立する。摂津国四天王寺において発願し、「一遍の念仏」を勧め、衆生を済度するため、念仏札を配る賦算を始めることとする。

高野山を経て、熊野に登る途次、道者の一行に「一念の信を起して、南無阿弥陀仏ととなえ、この札うけ給うべし」と述べたが、相手の僧は「いま一念の信おこり侍らず、うけば妄語なるべし」として受け取らず、口問答となるが、智真は「信心おこらずともうけ給え」と念仏札を渡す。智真の賦算は、起信、称名、賦算の三段階を経て念仏勧進するところに特色があり、果たしてこれでよいのかの念から本宮の証誠殿において権現の啓示を仰ぐ。神仏習合であった熊野本宮の本地は阿弥陀仏とされており、白装束山伏姿の権現から

融通念仏すすむる聖、いかに念仏をばあしくすすめられるぞ、御房のすすめによりて一切衆生はじめて往生すべきであらず、阿弥陀仏の十劫正覚に、一切衆生の往生は南無阿弥

陀仏と必定するところ也、信不信をえらばず、浄不浄をきらわず、札くばるべしの啓示を得、他力本願の真意を悟る。智真の成道とされ、名を一遍と改め、下化《げけ》衆生の知識として、賦算、結縁の遊行の旅に出る。

新宮から京都、西海道を経て、故郷伊予国で有縁の衆生を度するためあまねく勧進したのち、九州に渡り、太宰府で師聖達上人に会い、十一不二の理を詳説し、感嘆される。

九州は、文永の役後の防衛に繁忙で、供養も稀で、破れ袈裟を腰に巻きつけ勧進したが、豊後国で大友《おおとも》兵庫頭頼泰《よりやす》の帰依、寄進を受け、二歳年上の柔和をたたえた温厚な真教が最初の弟子として入門する。

弘安元年の中国での遊行においては、七、八人が相具して同行し、吉備津宮の神主の息夫妻の出家を機に、二八〇人の時衆集団が結成され、遊行しながら修行する二〇人ほどの道時衆と家業に従事しながら念仏にあけくれる俗時衆の区別が生まれる。時衆の名は、唐の善導がその念仏の法会に集まる人々を時衆と呼んだことに因んで、一遍が同行衆の門下の僧尼を時衆と呼んだとされる。

信濃国善光寺の再度の参籠ののち、佐久郡伴野《ともの》の市庭《いちば》の在家での歳末別時念仏において踊り念仏を始め、盛況となり板敷が外れたという。

弘安五年、鎌倉入りしようとした一遍同行二三人は、執権北条時宗の山内巡察のため制止され、騒動となる。道のほとりの大木のもとでの野宿の折、鎌倉の道俗が集って供養し、片瀬の地蔵堂での踊念仏には、貴賤・道俗雲集し、一遍の名も広がったという。

箱根の山を越え、伊豆国府の三島神社に詣でたとき、紫雲立つ来迎の奇瑞が現れ、時衆七、八人が一度に往生をとげたとされ、関寺においては二七日の延行となり、四条京極の釈迦堂においては、貴賤上下群をなし、車めぐらすことを得ざるを盛況であったという。

弘安七年、病に伏すが、山陰路、出雲路を辿り、美作国中山神社と結縁し、播磨国書写山において如意輪観音を特別に拝み、松原八幡宮において、『別願和讃《べつがんわさん》』を作る。

正応元年、大三島の大山祇《おおやまづみ》神社の神事に仏教供養を行い、讃岐国善通寺、曼陀羅寺を巡礼し、淡路島、明石に渡る。

兵庫の観音堂において、所持していた書籍を自ら焼き、「一代聖教みなつきて南無阿弥陀仏になりはてぬ」と述懐し、禅定にいるかの如く往生したとされる。年五一歳であった。

二　一遍の念仏思想

（十一不二）

智真一遍は、文永一八年伊予国窪寺で三年間の念仏修行を行い、

十劫正覚衆生界　一念往生弥陀国
十一不二証無生　国界平等坐大会

の「十一不二《じゅういちふに》」の偈を得る。その意味は、

十劫の昔、法蔵菩薩は本願により正覚（さとり）を得て阿弥陀仏となったが、その時衆生の往生を決定し、約束されており、衆生は弥陀を念ずる一回だけの念仏で生きながら阿弥陀の国に往生することができる。十劫の昔法蔵菩薩が正覚を得て仏となったのと、衆生がただ一回の念仏で往生できるのとは同一であり、そこには生もなく死もない。阿弥陀国と衆生界は一つものであり、法会の会座には同時に連なることを意味する。

と解されており、十一不二は、智真一遍の念仏往生の思想の基本であるとされる。

（踊り念仏）

「踊りて念仏申るることはけしからず」との延暦寺僧の難詰に対して、一遍は「はねばはねよ、踊らば踊れ、はるこまの法の道をば知る人ぞ知る」と答えたとされるが、身心の動きを高めることにより、仏との一体化を考えている。捨て切れぬ煩悩であり、情念であるならば、むしろ燃えつくすほど燃えあがらせ、発散されることが醇化の道であり、踊り念仏によ

り、興奮の末「踊躍歓喜《ゆやくかんき》」の状態となり、心と仏は一体となるとする。

（遊行の旅）

一遍智真は、賦算と踊りによる念仏のため成道から往生まで一五年間、住所を定めず、全国各地を遊行した。

遊行は、ぶらぶらと歩くことを意味するが、仏教関係では、僧が修行、説法のため諸国をめぐり歩くこととされ、一遍智真の参籠・念仏の修行・布教の旅は、遊行の代表格であり、遊行聖、遊行上人と呼ばれる。

（時衆の人々）

弟子の時衆たちは、入水往生した人は六・七人、他は「たがいに西刹の同生をちぎりてここに分れ、かしこに分れた」とされる。真教は、すみやかに念仏し、臨終すべしとして播磨国丹羽山に入るが、地元栗河の領主の強い勧めにより、特別の啓示を受けていないが衆におされた形で「知識」となり、集団を編成して北陸、関東地方などに一五年間念仏遊行し、以後智得《ちとく》、呑海《どんかい》などに遊行上人が引き継がれ、時衆集団はのちに時宗教団として認められる。

第八章　国学者本居宣長の道の学問

一七世紀の中ごろから、国学者とされる人々により、古典研究の方法意識と新たな人間観による、古学《いにしえのまなび》が興り、僧契沖による歌学研究、賀茂真淵《かものまぶち》による万葉集研究が行われる。伊勢松坂の商人出身で町医者となった本居宣長《もとおりのりなが》は、歌や『源氏物語』により「物のあはれ」論を展開し、『古事記』を神典《かみのふみ》として注釈研究し、「神の道」を唱える。

本居宣長は、享保一五年（一七三〇年）、伊勢国飯高郡松坂本町で、小津三四右衛門定利、かつの子として生まれた。

宣長は、八歳の時から習字、書道、謡曲を、さらに射術、茶の湯や漢籍の素読、和歌の詠など、中流以上の家庭一般の教養としては完全に近い教育を受ける。

京都遊学から帰郷後には、宣長の自宅の学塾「鈴屋《すずのや》」において、一月に八～九回講義が規則的に行われ、四〇年にわたり、『源氏物語』、『伊勢物語』、『土佐日記』『枕草子』、『百人一首改観抄』、『万葉集』が講じられ、賀茂真淵への入門後は『日本書紀』が開講され、神典関係が多くなる。

やまとごころによる歌道、神の道、「人の道」などの「道の学問」について、相良亨氏『本居宣長』（一九七六年　東京大学出版会刊）などにより考察する。

一　本居宣長の生涯

宣長の生まれた小津家は、蒲生氏郷の猛勇の士で戦死した本居武秀の流れに属するが、故郷松坂に帰郷し、中祖道印により木綿店を中心に、江戸に煙草店、両替店を営むなど商人として成功したとされている。

二二歳の時小津家を相続していた義兄宗五郎の死去に伴い、小津家を相続する。母かつは、子の資質を見抜き、「あきないのすじうとくて、ただ書をよむことをのみこのめば、今より後商人になるとも事ゆかじ」として、宣長を京都にやって学問させ、医者に仕立て生活の基礎を築こうとする。

宝暦二年（一七五二年）二三歳の時、京都に遊学し、朱子学者堀景山に入門、寄宿し読書力をつけるための基礎的な漢学を学ぶ。翌年堀元厚に入門して病理、生理に関する基礎医学を学び、さらに法橋武川幸順の門に入り、『本草綱目』『嬰童百問』『千金方』などを会読した。

京都遊学中、漢籍を広汎に深く読みふけるとともに、二条派歌人有賀長川に師事し、歌会に出席し、帰国後も詠草を送り添削を受けている。遊学の日々、景山の門人とともに、花、ている。小津姓を本居姓に改める。

宝暦七年、二八歳で京都遊学を終えて松坂に帰り、「くすしのわざをもって家の産となす」町医師となり、小児科医、内科医として、まめやかに務める。

（物のあはれ論）

宝暦八年、「鈴屋」の開講とともに歌論書『排蘆小船《あしわけをぶね》』により、詠歌の風体、古今の変化を考察し、「風体、至美、歌道ノ隆盛全備セル事新古今ニキワマル」とする新古今主義を打ち出す。

宝暦一三年『石上私淑言《いそのかみささめごと》』三巻三冊、『紫文要領《しぶんようりょう》』上・下二巻を著し、物語と和歌に共通する文芸本質論「物のあはれ」を展開する。

宝暦一三年、『万葉集』を研究していた学者賀茂真淵と松坂で対面し、入門して古学研究の指導を受ける。『古事記伝』による『古事記』の註釈が始まり、三〇余年をかけて、寛政一〇年（一七九八年）六八歳のとき、四四巻の執筆が完了する。

明和八年（一七七一年）、神典研究中、『直毘霊《なおびのみたま》』を刊行して、「神の道」論を展開する。漢意を否定し、やまとごころを賞揚し、皇国の道を主張する宣長は、世上の注目を浴びるようになり、諸侯の招きも受けるが、紀州侯徳川治宝に仕えることとなり、寛政六年（一七九四年）には、御針医格、一〇人扶持となって、和学を講ずる。

寛政一〇年、『古事記伝』の執筆を終わり、自伝的な『家のむかし物語』、入門書的な『うひの山ぶみ』を著し、享和元年（一八〇一年）京都において、公家や学者に古学を講説する。

同年九月一八日発病、二九日逝去、七二歳。菩提樹敬寺に葬られ、奥墓《オクツキ》に祀られる。

二　宣長の思想

宣長は生涯において数多くの著書を著し、その思想は広く普及したが、思想の根幹は、文芸本質論としての「物のあはれ」、神典研究による「神の道」、さらに学問の方法論としての「道の学問」であると思われる。

（物のあはれ、文芸本質論）

『石上私淑言』において「物のあはれ」について

情あれば、物にふれて、必ず思ふ事あり、其思ひこともしげく深きは何ゆえぞといえば物のあわれをしる故なり。事わざしげく物ならば、其事にふるるごとに、情は動きて静かならず（略）物のあはれを知る故にうごく也。されば事にふれて、其のうれしきかなしき事の心をわきまえ知るを物のあはれを知るといふなり。

とし、『紫文要領』においては、『源氏物語』を評論して、

おおよそこの物語五十四帖は、物のあはれを知るといふ一語につきぬべし
歌、物語は、儒仏の道のように、まよひをはなれて、さとりに入る道にあらず、身をおさめ、家をととのへ、国をおさめる道にあらず
よき人は物のあはれをしる故に好色のしのびがたき情をおしはかりて、人をも深くとがめず

とし、物は対象を意味し、あはれは触発されて起こる感動であり、知性と感性とが見事に調和された美的な境地が開かれているとする。

（神の道）

『古事記伝』を執筆中の宣長は、「神の道」の思想を『直毘霊』において展開する。

そもこの道は、いかなる道ぞと尋ぬるに、天地のおのづからなる道にもあらず、人の作れる道にもあらず。此の道はしも可畏きや高御産巣日神《たかみむすびのかみ》の御霊によりて神祖《かむろのき》伊邪那岐《いざなぎ》大神伊邪那美《いざなみ》大神の始めたまひて、天照大神《あまてらすおおみかみ》の受けたまひもちたまひ、伝え賜ふ道なり。

かれここをもて神の道とは申すぞかし。

として、異国の道、聖人の道に対して、皇国の道、皇神の道を「神の道」の言葉で表し、「真心」「神のわざ」「妙理」などについて論じている。

（道の学問）

晩年に学問の方法論を論じた『うひの山ぶみ』においては、学問にはしなじなあることを述べ、主としてよるべきすじは、道の学問であるとする。

道を学ぶことを主とすべき子細は、今さらいふに及ばぬことなれども、いささかいはば、まず人として、人の道はいかなるものぞといふことを知らであるべきにあらず。学問の志なきものは、論のかぎりにあらず、かりそめにもその志あらん者は、同じく道の事をば、なおざりにさしおきて、ただ末の事のみ、かかづらひらむは、学問の本意があらず。

宣長は、その生涯において、京への遊学、失明した長男の施療、紀州藩への伺候、各地での講説のための旅のほかは、ほとんどを松坂での研究に過ごしたが、人のあるべき道、皇国の道を思想上構想し、「道の学問」として構成している。

あとがき

本稿は、道を考える立場から、行政系セミナー誌に三年にわたって寄稿した連載文を取りまとめたものである。

道という不思議さをもつ言葉に誘われて、迷いながら、道と思想との関わりを古典・史料・先達の論文により辿ってみたが、まとまった結論や方向は得がたい。

日本列島における道は、居住した数億人という人々が、長い歴史の過程において日常的に親しんできた存在であり、転じた語義による道に関わる思想も、東洋的思想、日本的文化、西洋的文明をあわせて幅広く展開し、時代の思潮の形成に大きな役割を果してきたと思われる。

このたび大成出版社の御尽力により、「道と思想」「道と人びと」として刊行されたが、現代的課題である国際的人道精神の展開や、二一世紀における日本列島の道づくりなどさまざまな道を考える資料となれば幸いである。

二〇〇九年二月

三　木　克　彦

著者略歴

三木 克彦（みき かつひこ）
一九三四（昭和九）年生。
群馬県立高崎高校、東京大学法学部卒業。
建設省、国土庁などに勤務し、道路局路政課長、国土庁防災局長などを務める。

論文：「世界の求めるもの」
国連大学公募論文・佐藤栄作賞
「太子の聖徳性について」仏教大学大学院修士論文

著作：「大震災を見つめる」大成出版社

道と思想

2009年3月18日　第1版第1刷発行

編　著　三木克彦

発行者　松林久行

発行所　株式会社大成出版社

東京都世田谷区羽根木1－7－11
〒156-0042 電話03（3321）4131（代）
http://www.taisei-shuppan.co.jp/

印刷　信教印刷

ISBN978-4-8028-2872-7